U0537848

好想法

寶鼎出版

大人本來就這麼辛苦嗎？

원래 어른이 이렇게 힘든 건가요：하루에도 수십 번씩 사소한감정에흔들리는 당신을 위한 현실적인 위로

拿回主導權，為自己而活的79個提醒

韓國最受歡迎的人生導師，著作累積銷售量突破120萬冊
金鐘沅 김종원——著
李煥然——譯

獻給即將
蛻變
成了不起的
大人

目次

明智的大人不會被情緒左右

Chapter 1

Chapter 2

釋放隱藏在我思維中強大力量的方法

Chapter 3

宛如閃電般降臨
改變你生命的語言

Chapter 4

智慧應對那些惡意回應者的祕訣

Chapter 5

你看待世界的觀點，決定現在的你

Chapter 6 見識過太陽的人，不會眷戀燭光的原因

前言
你是否正為自己而活呢？

活著真的不是一件容易的事。為什麼活得越久，好像就活得越困難呢？事實上，雖然我們過了二十歲就加入大人的行列，但是迷茫依然存在。很多人常常會問：「我應該如何抉擇，又應該走向哪裡？」恰恰就印證了這一點。我希望能夠寫下一些文字，藉此幫助提出這些問題的人們，不過為了讓這些文字更有顯著效果，首先我們必須正確定義何謂「大人」。

因此，我花了很長的時間思考：「大人可以用什麼樣的詞彙來定義？」並且跟身邊的人請教。大人有很多種定義：長大的人、開始賺錢的人、能對別人負責的人、獨立生活的人，但是似乎都無法恰當詮釋，因為我覺得這些形容詞只是在描述大人軀殼的表象言語。就這樣經過了十幾年的思索，我終於找到一句話足以解釋什麼是大人，那就是「能夠用最真誠的語言坦率地表達自我的人」。如果用更簡單的話來說就是「為自己而活的人」。

那些不為別人，而是為自己而活的人，生活與其他人截然不同。不管做什麼，他們都不需要額外的準備。舉例來說，如果有人請他們去演講，即使上一秒還在睡覺，他們也能夠從睡夢中醒來，立刻進行兩個小時左右的感人演講。這不是因為他們口若懸河，原因很簡單，那就是他們一直過著值得在演講中分享的「屬於自己的生活」。

於是我決定把大人定義為那些擁有真摯的生活，足以用言語和文字表達的人，也下定決心要寫一本書，獻給那些雖然年齡漸增卻仍未能成為大人、在迷茫中虛度光陰的人。在一番激烈的思索，經歷無數的時間流逝後，我終於能夠把從中獲得的感悟寫下來。

這實在是一段艱難且痛苦的過程。在這段期間裡，有許多人對我說：「好的靈感都跑去您那邊了。」換句話說，假設事件也有等級之分，分成A、B、C等級的話，那麼我遇到的事件都是排在A等級的，他們對我都抱有這樣的誤會。但是，這個世界上根本不存在這種人，因為無論我們在哪裡做什麼，都生活在一個相似的世間環境裡，之所以降臨在我身上、看起來都是A等級的經歷，是因為當B和C等級的事件來訪時，我會藉由長時間的深入思考，將它們轉變為A等級的事件。也就是說，即使事件本身可能很類似，但是我會投入時間和心力，將每個發生在我身上的事件提升到A等。

正如前面所述，我將過去十幾年二十四小時思索、實踐和領悟的生命精華匯聚於此，所以當你選擇了這本書，你將會遇見那個成為真正大人的自己，也就是不再嫉妒他人的成功和成長，更加專注於自己的生活。因為在閱讀每篇文章的過程中，你將會意識到，嫉妒別人就如同在貶低自己擁有的事物。我要再次强調，有智慧的大人是不會嫉妒的，因為他們堅信自己擁有更為美好的事物。

○○○

現在請抹去他人，看看自己。

那些足以改變我們生命的偉大話語，

往往會在最迫切需要的瞬間，

宛如閃電般降臨在我們身上。

現在就是那個瞬間。

你只需要接受就能夠擁有。

包含各式各樣的考試和證照，

當我們擺脫世俗所謂的一切標準時，

即使僅有一縷微弱陽光，

我們的生命也能閃耀出屬於自己的色彩。

當我們不再在乎其他人都在做什麼時，

我們的人生便走上了屬於自己的道路。

只要離開熟悉的所在，

就會成為未知之地的主人。

Chapter 1

明智的大人
不會被情緒左右

無論喊了幾千遍「會好起來的」事情也不見得有所好轉

有一次，我在社群平台上看到有人發了一篇，像是在自說自話和自我辯解的貼文，於是粗略地看了一下，內容大致如下：

「或許有些人不理解這樣的我，但我活得堂堂正正。少瞧不起我，我可是很強大的。」

雖然他的文字之間流露出强烈的意志與堅定的決心，但是讓我感到奇怪的是，他的這種貼文不是只發一兩天而已。沒錯，他每天都在自己的社群帳號上傳類似的貼文。我再舉幾個例子：

「別人看了或許會覺得我在炫耀，但這對我來說是有明確意義的消費，我在任何人面前都可以活得堂堂正正，所以請不要隨便批判或貶低我。」

「我知道有很多人在背後罵我、說我壞話，但我一點都不在乎。」

讀到這裡，我反倒覺得他是個極度脆弱的人。因為他一直撰寫貼文，向周邊的人解釋和辯解自己的行為和購買的物品。與他嘴上說的相反，他活得一點也不堂堂正正，而是有一顆非常脆弱的內心。這點可以根據他設定的前提來證明。

「或許有些人不理解這樣的我」
「或許有人會覺得我在炫耀」
「有很多人在背後罵我、說我壞話」

如果他真的活得這麼堂堂正正的話，就不需要設定任何前提，只要寫上自己當前的狀態就可以了。不，應該說他根本就沒有必要撰寫這些貼文。無論他對自己說了多少次「會好起來的」，事情也不見得有所好轉。在焦慮的狀態下發出的這種吶喊，反而只會把自己推向更危險的懸崖邊緣。

○○○

每個人在恐懼面前都很脆弱，

如果你正處於這種狀態，

請不要在意周圍的聲音。

假裝沒事並不能讓你真的好起來。

我們要記住，

堂堂正正的內心樣貌，

會藉由平靜的日常來證明自己，

而不是用聲音的大小或言詞的強弱來表現。

堂堂正正的內心樣貌，

會藉由平靜的日常來證明自己，

而不是用聲音的大小或言詞的強弱來表現。

生活不會感到空虛的人
抱持的四種心態

空虛的情感，往往會徹底摧毀那些看起來懷抱自信的人的內心，如果這種狀態持續下去，就會陷入一種無助感，難以重新站起來。然而，在世界上有一種人，他們無論在任何情況下，都不會被空虛的情感所淹沒，始終過著充滿活力的生活。我們可以從他們的生活中，發現四種其他人沒有的特殊心態：

第一，成為他人幸福的橋梁。只想著獨自獲得幸福的心，往往會在日常中迷失方向，因為這樣對世界沒有任何貢獻。如果想要避免感到生活空虛，最好能夠成為對於自己的工作與未來充滿煩惱、感到匱乏之人獲得幸福的橋梁。簡而言之，就是抱持「為珍貴的人們提供幫助的心態」來度過每一天。

第二，儘可能向周圍傳遞善意，且比其他人更熱愛自由。這樣的心態之所以重要，是因為就像每個國家都有屬於自己的文化一樣，每個人也有屬於自己的特質，透過熱愛自身的自由，形成一種特別的文化，並且藉由傳遞善意讓這個文化傳播得更遠。

第三，不忘初心，面對全新的開始。每個人都知道成功以後的姿態更為重要，很多人往往在成功一次後就無法繼續成長，甚至走向潰敗，就是因為過於執著於那次成功。然而，不執著過去的人，他們在成功一次之後，往往會完全放下那次成功，以重新開始的心態活下去。此時不是從過去的榮光起步，而是從全新的起點出發。

第四，不說負面的話語。這是最重要的心態，負面的想法有一種奇怪的特性，你越是提起它，它就會越滾越大。而且最讓人難過的是，很多人往往在沒有意識到會對生活造成多少不良影響的情況下，與負面的想法共存。更何況負面的想法非常具有誘惑性，要擺脫並非易事。面對的方法只有一個，如果產生一百次負面的想法，就要用一百零一次正面的想法來反擊。像這樣在內心壓制負面的想法，才能盡量避免負面的話語從嘴裡說出來。那些不被空虛情感淹沒的人，總是會努力用正面的想法來贏過負面的想法。

如果在日常中感到空虛，何不從那些生活充滿活力之人的特殊心態中，選擇一個最容易接近的開始模仿呢？有時候「開始」本身，就能成為改變你人生的奇蹟。

貝多芬每天早晨五點起床後
日復一日的例行公事

受到全世界喜愛的音樂家貝多芬，
有一個讓他保持精神穩定的例行公事。
對於音樂家而言，
失聰的事實無異於被判處死刑，
他之所以能夠戰勝強烈的絕望，
創作出偉大的作品，
正是歸功於「早晨五點的例行公事」。

無論作曲到多晚，
他每天都會在早晨五點起床。
在起床後，
他會親自挑選咖啡豆，
享受沖泡咖啡的樂趣。
重要的是，
他總是逐一挑選六十顆咖啡豆。

一，二，三……
就這樣將六十顆咖啡豆一顆一顆
精心挑選好，在沖泡一杯咖啡的過程中，
他那紛亂如麻的心，
也從「焦慮」與「痛苦」的泥淖中掙脱，
轉移到「創造」與「平靜」的美好境地。

早晨五點紮實的例行公事，
就這樣日復一日直到他離世，
這讓貝多芬得以創作出無數的作品，
也成就如今你我所熟知的偉大音樂家。
他用一輩子親身體驗了奇蹟早晨的價值，
並留下以下這段話。
我將他留下的話語加上自己的理解，
重新調整成符合現代的詮釋方式。

「最優秀的人，
往往會藉由痛苦獲得喜悅。
在困境中不屈不撓，
這才是真正值得讚美的
優秀人物證明。
正如同國家不能沒有憲法一樣，
每個人也必須按照屬於自己的例行公事生活。」

「在這個世界上，
平息自己負面想法的最佳方式，
就是每天從早晨開始全心投入工作。
從天而落的水亦能穿石，
柔弱至極的水滴，最終會將石頭滴穿。」

「歷史上偉大人物的特點，
就是即便身處不幸與痛苦的環境，
也能夠堅持與忍耐。
雖然日子過得很艱難，
但如果想從中日漸成長，
不妨讓自己天天沐浴在宛若奇蹟的言語中。」

「我可以掌握自己的命運。
無論發生什麼事，
我都不會向命運低頭。
這就是為什麼我堅持每天從早上五點開始，
持續不墜學習到早餐時間的原因。
無論蜜蜂怎麼叮咬，
也阻止不了疾馳的悍馬。」

「過去就像潑出去的水，
再怎麼努力也收不回來。

但是我們還有尚未到來的明天，
充滿各種美好的可能性。
那些即使在艱困的環境下，
也能實現自身閃亮目標與夢想的人，
都有一個美麗的共同點，
那就是每天都會在特定的時間，
用特別的方式開啓自己的一天。」

「如果你想成為比任何人都幸運的人，
首先要將自己的內心灌溉成一片豐饒的土地。
拋開仇恨、嫉妒和厭惡等情感，
足以讓你的奇蹟化為可能的無數言語，
將會在那片土地上如花朵般美麗地綻放。
不妨親身體驗每天開啓自己一天的生活，
任何人都能離自己的夢想更近一步。」

不是由「明天」主導的生活，而是由「自己的事」主導的生活

雖然在韓文中是由相同的字詞組成，但是「明天（내일）」和「自己的事（내 일）」[1]給人的感覺卻截然不同。舉例來說，由「明天」主導的生活聽起來是被時間強迫著前進，而由「自己的事」主導的生活，則讓人聯想到從事自己想做的事，對於自己的人生擁有掌控權。每個人都渴望後者的生活，如果想要轉變成由「自己的事」主導的生活，我們必須抱持下列五種人生態度：

第一，做好自己的事。只要每個人都專注做各自的事，世界就會平靜地運轉，而人生也是相同的道理。如果有人疏忽了自己的事，開始對別人的事指手畫腳，世界就會陷入混亂。無論在任何情況下，都要做好自己的事，只要全心投入在自己的事情上，即便在混亂中也能穩定前進。

1 譯註：韓文「明天」為「내일」，「自己的事」為「내 일」，兩者差異僅在於有無空格。

第二，你的行為舉止體現了你的價值。那些無論做什麼都能做好、生活中充滿幸運與福氣的人，行為舉止總是十分得體。他們的情緒不會大起大落，從他們的聲音與細微的動作中，能夠感受到平靜與深度。凡事不要著急，保持平和的心態，因為你的行為舉止就是向其他人展示自身可能性的方式。

第三，不要害怕顯得無知。你必須拋開「如果我這樣說或這樣寫，會不會暴露我的無知？」的想法。無論如何，我們只能向其他人展現自己原本就擁有的事物。只要認清這一點，並且坦然地表現出來，就可以讓自己在生活中不斷地進步。要知道比起一時的不足與無知，用虛偽和虛張聲勢包裝的生活更加危險。

第四，成長是用各種微小的可能性堆建而成的塔。「那門生意已經沒希望了」、「好做的東西都已經被發現了」、「市場已經飽和了，所以看不到什麼前景」……不管在任何領域，都會有人這樣想，表示已經看不到任何可能性。然而直至現在，依然有人在創造新的事物，他們堅信：「這個世界上還存在著各種可能性，目前人們發現的只是一小部分。」並且藉由這樣的信念改變自己的生命。換句話說，成長不是只有發現什麼了不起的事物才能達成，每天哪怕只能找到一點微小的可能性，積沙成塔亦能實現。

第五，前輩的經驗是支撐人生的最佳範本。認為自己很棒的自信固然是必備的成長心態，但是忽視那些曾走過這條路的前輩們故事，是很危險的，後進可以參考前輩的案例，避免浪費時間和犯下同樣的錯誤，甚至青出於藍更勝於藍。如果想要獲得由「自己的事」主導的生活，就要好好利用前輩的經驗。

所有曾被設限的邊界上
也會綻放出花朵

彼此爭相加速行駛的車輛，
宛如潮水般將道路填滿，
在如此車水馬龍的道路中央，
我看到美麗的花朵，
孤高地綻放。

你也不妨留心觀察。
在競爭激烈的道路上，
任何生命都無法生長，
然而在擁擠的車流中央，
藉由那條細長的邊界線，
包含花朵在內的生命竟得以誕生與成長。

然而這絕不像看上去
那麼容易。
唯有那些不在競爭中扯別人後腿，

以及不隨波逐流的人事物，
才能夠在邊界上立足。

在任何來往的車輛
都不可侵犯的道路中央，
長時間保持中立，
散發著屬於自己的芬芳，
該是多麼美妙與神奇的事情。
看看宛如模範般佇立的花朵，
我們會發現某種
足以掌握生命核心的原則。

去看看吧！
只要你聽從內心的聲音，
不偏向任何一方，
正如同花朵亦能在道路夾縫中綻放般，
你也可以在這場激烈的競爭中，
綻放出自己的芬芳。

如果你想成為比任何人都幸運的人，

首先要將自己的內心灌溉成一片豐饒的土地。

無論身處任何情況
都不會失去勇氣與幸福的方法

有一次，法國小說家盧梭被問到：「你認為什麼東西能為我們帶來幸福？」他的回答是：「充足的銀行戶頭、優秀的廚師以及消化能力，是決定幸福的所有要素。」雖然答案或許看起來極度扁平普通，但是稍微了解他生命的人很快就會發現，這樣的回答詮釋其實需要非常立體的思考。因為盧梭主張人類生來都是善良的，一經社會影響則變得墮落，進而陷入不幸。而這句話到底是什麼意思呢？

暫且談談我自己，我已經寫了超過七十本書，但是並非所有書都受到讀者的喜愛。事實上，賣得一敗塗地的著作反而更多。因為我投入了一切，所以產生的失落感也加倍强烈。另一方面，有時候也會意外地大受歡迎，此時我會沈浸在自己的心意與愛被流傳於世間的喜悅中，因而感到無比幸福。

重點還在後頭，每當此時，我會前去造訪的不是風景優美的戶外或旅遊勝地，而是為我帶來悔恨或喜悅的寫作工作室。

在那個空間裡，我究竟做了什麼？又是什麼吸引我到那裡呢？就像在整理雜亂的房間一樣，我在那裡重新展開寫作，再次獨自戰勝悲傷或享受快樂。我想說的是，人們總是需要一個可以回去的地方，在那裡他們可以成為真正的自己，找到在生活中保持穩定的力量。

盧梭强調的幸福祕訣，同樣也是「回歸自我」。換句話說，享受為自己準備的餐食，與在外面見不到、最為珍貴的自己相遇的時光尤為重要。人類生來都是善良的，但是正如同他所說的，在外面與其他人來往，這段過程中往往會招致墮落，從而遭到玷汙。因此，我們每天至少要安排一點時間和空間面對自我，唯有如此才能消除不幸，同時為自己帶來勇氣。

○○○

你要安慰的人是你自己，

不要忘記這個寶貴的事實。

對自己比對任何人都更好，

即使全世界都在折磨你，

你也要始終善待自己。

不能為自己帶來幸福的人，

在任何情況下都不會獲得幸福。

別在書裡找藉口

「閱讀」應該為那些全力以赴的人帶來他們期望的結果。換句話說，無論是金錢還是智慧，抑或是其他人想要的東西，閱讀都應該是獲得這些事物的過程。但是為什麼總是行不通呢？答案其實出乎意料地簡單。如果你想要透過閱讀獲得一些東西，請仔細看看下面這段話。

有個人說：「我最近讀了一本書，書上說要有長時間的睡眠，保持輕鬆，這樣大腦才能達到最佳狀態，生產力也會提高。」這個人為什麼會這樣說呢？他追求的生活是什麼樣子呢？其實他說這段話的理由很簡單，就是因為書上寫的「長時間的睡眠」和「保持輕鬆」跟自己本來的日常很相似，所以他想毫不費力地持續這種生活，同時又能提高生產力。當他這麼做了，生產力卻沒有提升時，他就會用「我只是按照書上說的去做而已！」來為自己辯解。

我想在這裡送給各位一句話。

「一個人的生命軌跡，往往與他選擇書籍的方向一致。」

如果換一種方式來詮釋，就是「展示書架的行為，就等於公開自己的內心」。無論是誰，只要看他選擇閱讀的書，就可以知道他平時追求的是什麼。從這個觀點來看，我對於創造力的看法與前面提到的人完全相反：「在最不舒服的狀態下，我們往往可以找到最有創意的事物。」我對於創造力的座右銘是「在感到舒適的瞬間，大腦就會停止運作」，所以在每天的二十四小時裡，我少睡一點，少受一點誘惑，多多探索，也多多提問；吃得少一點，少享受一點，多多約束自我，過得更充實。

如果你說多睡一點，多受一點誘惑，多吃一點，多享受一點才能發揮創造力，那麼你就會獲得世界上百分之九十的人支持，因為大部分的人都忠於本能在生活。但是這為什麼行不通呢？回顧過去的歷史，從來沒有一個時代是百分之九十的人都成功、扭轉命運或賺大錢的，而且大部分的人都會去的地方，往往很難找到天堂。儘管如此，當人們在書裡發現自己相信的東西時，他們會有所反應，並且堅信這樣的信念會幫助自己實現夢想。重點在於，我從來沒有見過有人用這種閱讀方向，還真正得到自己想要的東西。

當然，每個人個性各式各樣，不能夠一概而論，畢竟這個世界上沒有唯一的正確答案，不過我一直是言行一致，用行動而非言語來證明自己。生命本身就是每個人最好的答案。

○○○

如果你嚮往改變，

就別在書裡找藉口，

去找到拯救自己的方法。

無條件對自己好的人
就是最好的人

無數的心理學家和哲學家
都這樣建議我們：
「如果這個世界上有正常人，
那只是你不太了解他們罷了。」

這句話並不是負面的意思。
不是在說人們不正常，
而是說，每個人的內心都有其獨特的價值。

每個人都有所不同，
如果真正了解他們，
最終將會愛上對方。
如果你仍然憎恨某個人，
那是因為你還沒有真正了解他。

當然，人是不容易理解的，
你可能會被信任的人背叛，
反過來說也可能
被原本不信任的人所打動。
究竟什麼才是對的呢？

我是這麼認為的，
「如果有人無條件地
願意把錢花在我的身上，
就一定要珍惜，
不可以失去這樣的人。」

這裡所說的錢，
可以代表許多不同的價值。
如果有人能夠無條件給予
我們他的心、時間，
以及純粹的信任，
那麼千萬不可以輕易失去這樣的人。

因為無條件地給予對方珍貴的事物
意味著對方「真的很在乎自己」。

如果問相愛的戀人
他們為何彼此相愛的話，
答案往往出乎意料地簡單。
「愛難道需要什麼理由嗎？」
正因為是這個人，所以愛。

這個世界上沒有比「沒有理由」
更美妙的理由了。
畢竟沒有理由就不用擔心它會消失，
也不需要擔心它會改變，
因為這就是無條件的美好。

無條件對自己好的人，
就是最好的人。
也是你應該
下定決心去愛的人。

致那些已經拚盡全力
卻遇到瓶頸的人

在踢足球或觀看足球比賽時，有時候會出現無主球。此時，跑得最快的人就會成為那顆球的主人，掌控整個球場。韓國足球員李榮杓選手曾經對此表示，他希望在每次出現無主球時，自己都能夠拿下那顆球。他不只停留在思考上，而是問自己「怎麼樣才能移動得更快？」於是他找到了「跳繩訓練」這個答案，並且馬上開始執行。

事實上，他從高中一年級就開始進行每天跳繩與二重跳各一千下的訓練，不過說起來容易做起來難，剛開始要不休息連續完成一千下二重跳是很困難的。起初對於李榮杓選手來說，一百下就是極限了，但是他沒有放棄，重複跳了十次一百下，達成自己規劃的每日一千下的目標，並且維持這樣的訓練。於是他終於擁有可以一口氣跳到一千下、既強壯又敏捷的身體，他讓自己投入「最嚴苛的訓練」中，克服自己的極限，當然也達成「拿下掉在賽場上的每一顆球」的目標。當時，李榮杓遇見了足以改變自己的一句話。

「透過每天微小的努力，人類最終會遇見奇蹟，此時遇見的奇蹟，將會成為自己終身受用的資產。」

他的人生告訴大家：這個世界上有兩種事，那就是「想做的事」和「必須要做的事」。想做的事每天都在誘惑著我們，因為它們容易上癮，足以吸引所有人。但是如果一直只做想做的事，後面就不得不去做那些必須要做的事，從而在生活中漸漸失去自由和幸福。反過來說，如果現在專注在必須要做的事，未來就能夠享受那些想做的事，為自己創造出完全不一樣的人生。

李榮杓選手之所以每天跳繩一千次，並堅持了兩年，就是為了達成必須做的事所做的選擇。當我們能夠像這樣在「想做的事」和「必須要做的事」之間取得平衡，就能夠不斷進步，最終達成自己渴望的目標。

OOO

才能不是靠尋找的，

而是每天一點一滴培養出來的。

想得太複雜
結果也會變得很複雜

在向某人表示自己的想法和判斷後，
很多人轉過身來都會陷入這樣的煩惱。
「如果他跟我想的不一樣怎麼辦？」
「他會不會誤會我的意思？」
「是不是應該現在換個說法？」
「要不要再努力說服他一下？」

但是如果你已經自行對某件事情做出判斷，
在觀察對方反應時，
就不需要絞盡腦汁想得太複雜。
因為無論如何，
對方都能夠聽見你在動腦思考的聲音。

所以如果你是真心做出了選擇，
就不需要刻意去尋求
對方的同意或認可。

複雜的思維，

往往會導致複雜的結果；

簡單的做法，

結果總是簡單而美好。

從平凡的現實
蛻變為非凡未來的過程

有句話說：「夢想要大，這樣即使破碎了，碎片也會很大。」這句話的確很有道理。但是為何在現實中往往不奏效呢？無論夢想有多麼宏大，為何還是會破碎得宛如粉末一般，無法帶來任何變化呢？原因就在於很多人都不了解，所有的夢想都要經過三個階段才能實現。

首先，是受到各種猜疑與指責。

「這真的行得通嗎？你怎麼不乾脆放棄呢？」
「大家都做不到的事情，你怎麼可能做得到？」
「難道其他人都是傻瓜嗎？如果做得到的話，早就有人做了吧。」

即使你戰勝了這些酸言酸語，你還會面臨以下這類阻撓，那就是朋友的決裂宣言。

「道不同，不相為謀！」

「我都不知道原來你這麼愚蠢！」

「我差不多要舉手投降了。」

儘管如此，只要你不為所動堅持到底，終究會實現夢想。屆時，你會聽到這樣的讚美。

「看吧，我就知道你一定行！」

「不愧是我的朋友！」

你懷抱的一切美好夢想，之所以會在現實中受到無數的指責與嘲弄，是因為他們的港口太小，無法容納你這艘大船。簡單來說，就是他們的視野和胸懷容不下你，所以不要被他們的話語影響，只管堅定地往前走就對了。

○○○

無論任何事情只要開始做，

終將有實現的一天。

在享受獨處的時光裡，
面對自我的時候，
我們就能夠把最大的自由，
裝進自己的內心深處。

別跟那些一天到晚說「這些話我本來不打算說」的人來往

有些人總會習慣性地使用「這些話我本來不打算說的」這句話。為什麼我建議不要和這樣的人來往呢？

第一點：用這句話開頭的任何內容有很高的機率，都是對於對方的負面看法；第二點：他們會把所有的祕密和內心的負面想法都傾洩出來。尤其是第二點最麻煩，因為在忍耐的過程中，他們的怒氣和負面情緒都會被放大，這對於聽者來說也會變得更加難以承受，接著會不由自主地產生這樣的想法：「反正你遲早都要說出來，那乾脆不要忍耐，當下全部說出來不就好了！」

既然如此，我們為什麼還要和這樣的人保持關係呢？這篇文章的重點就是尋找這個問題的答案，從而回顧自己的人生。答案其實很簡單，就是因為我們不習慣獨處。難以忍受孤單的我們，即便每次都感到失望，卻還是會忍不住一再和那個人見面。

表面上說「我再給你一次機會。」、「因為我很善良，所以只跟你見面。」、「好吧，我再相信你一次！」但實際上只是因為害怕孤單，所以找藉口來掩飾自己的脆弱。

如果想要擺脫這種態勢，變成為一個內心堅強的人，不妨像讀詩一樣閱讀以下的句子，經常閱讀的話會更有幫助，你也可以抄下來隨身攜帶。

○○○

自由指的不只是
與很多人
互動和交流而已。

更大的自由其實在於孤獨、
在享受獨處的時光裡，
面對自我的時候，
我們就能夠把最大的自由，
裝進自己的內心深處。

如果你學不會獨處的話，
那麼你所認為的自由，
很可能反而是一種束縛。
不懂得享受孤獨的人，
不會明白什麼是真正的自由，
因為他們從未擁有過。

唯有當我們面對自我時，
才能夠擁有名為自由的翅膀。

與朋友的約會取消時
反而感到高興的人

如果你與朋友的約會
突然被對方取消，
你會作何感想呢？
大部分的人恐怕很難有什麼好的感受，
因為通常會自然而然地產生以下的想法：
「他是不是不尊重我？」
「我為了這個約，還推掉了其他重要的安排耶！」

然而我真的一點也不介意。
每次和朋友約見面的時候，
我雖然會因為馬上就能見到朋友而感到開心，
但是即使約會突然取消了，
我也會覺得不用出門也不錯，
從而感到高興。
這究竟是怎麼一回事呢？
讓我們再深入思考一下。

這段文字承載著很深刻的思索，
能夠抱持這樣的想法，
印證我擺脫了因為孤獨而與別人見面的心理需求，
若擁有堅强的內心，
即使一個人獨處也能充分享受快樂。

擁有堅强內心的人，
無論是得知要與哪個朋友見面
還是約會取消，都一樣開心。
這是因為他們懂得珍惜
與可貴的自己獨處的時光。

我們應該用屬於自己的語言，
重新定義「幸福」和「內心」的表現，
因為這兩個詞彙在生命中至關重要。

並不是認識很多人，
或是有很多約的人就叫做幸福，
而是即使所有約會都取消了，
今天依然和昨天一樣快樂的人，
才是真正享受幸福的人。
因為幸福這種情感是我們賦予自己的，
而不是從別處產生的。

牢牢掌握自己內心的人，
在任何風雨中都不會有所動搖。

Chapter 2

釋放隱藏在我思維中強大力量的方法

我不遵循
世間安排的道路

德蕾莎修女有一個令人驚訝的祕辛，那就是她雖然一生為窮人的福祉獻身，甚至獲得了諾貝爾和平獎，但是她在搭飛機時，卻經常選擇一般人不敢輕易下手的頭等艙。即使面對「難道妳說要為窮人奉獻生命都是假的嗎？」等質疑，德蕾莎修女依然堅持乘坐頭等艙，這是為什麼呢？

其實並沒有什麼特別的理由。德蕾莎修女無視所有的誤解與臆測，繼續選擇搭乘頭等艙，只是因為那裡有許多她需要接觸的富人。在那個空間裡，她會分享自己的故事與富人交談，並且告訴他們如何更有意義地使用金錢。事實上，德蕾莎修女在頭等艙那裡獲得了大量的捐贈，用來幫助窮人。

還有一位與眾不同的人物。一九五二年，一位醫生為了領取諾貝爾和平獎搭乘火車前往歐洲，他擁有三個學位，以及多達二十多個榮譽博士學位，甚至是被英國王室授予伯爵稱號的貴族。當記者們得知這個消息後，紛紛搭上火車想要採訪他，也理所當然地從特等車廂開始尋找他的身影。然而，無論在特等車廂、一等車廂還是二等車廂，都不見他的蹤跡。記者們開始冒出「該不會他搭的是另一班火車吧？」等擔憂，漸漸感到不安，接著以近乎死心的表情走進三等車廂。那裡的場景非常寒酸，坐滿了面露倦容的貧窮者。然而令他們驚訝的是，那位遍尋不著的諾貝爾獎得主竟然就在那裡，正在為三等車廂的乘客進行診療。大感震驚的記者們衝上去問他：「醫生您為什麼會搭乘三等車廂呢？」他的回答也讓人出乎意料：「因為沒有四等車廂。」

他有一個永不妥協的原則，這個原則使他能夠保持屬於自己的生活，那就是「我會到處尋找需要我的地方活下去」。他乘坐三等車廂的原因，也是因為那裡聚集了因為貧窮而無法享有醫療服務的人。如果他只考慮到自己的話，他大可以坐在特等車廂裡舒服地享受旅行，但是出於那份堅定的意志，他堅持留在需要自己的人身邊，選擇了為他人付出愛，而非自己的利益。這位醫生就是史懷哲博士，他基於人道主義拯救了無數的人們。重要的不是記住他的豐功偉業，而是他親手打造了屬於自己的人生。雖然努力是達成某個目標的必要條件，但是真正的關鍵，在於支撐這些努力背後的態度。除此之外，那些在各個領域成功創造自己人生的人，都有一個共通點，那就是他們心中都懷有這句話：

「雖然很辛苦，但我不會退縮。我要在這裡一決勝負！」

史懷哲博士在搭乘火車時選擇了三等車廂，是因為那裡有許多因為貧窮生病卻無法接受治療的人。另一方面，德蕾莎修女搭飛機只坐頭等艙，是因為那裡有很多可以幫助窮人的富人。巧合的是，這兩個人都獲得了諾貝爾和平獎。另一個共通點是，兩個人都不允許自己安於太平且正面拒絕太平，用自己人生信奉的準則改變了世界。

這個世界上沒有事情是光靠努力就能成功的。唯有抓準正確的方向，才能找到努力活下去的意義，也不會在中途放棄。如果一個人找到了自己的路，那麼他絕對不會遵循世間安排的道路。如此抱持原則堅持到底的人，才有能力創造出屬於自己的人生，在各個領域，他們都會有自己獨特的方法。舉一個典型的例子，頂尖的廚師在做菜時不會依賴食譜，而是在腦海中反覆嘗試不同材料的組合，創作出只有自己才做得出來的獨門料理。他們甚至不需要試味道，因為在腦海中早已經計算好了。所以你也不妨放下別人寫好的食譜，試著挑戰屬於自己的料理吧。

○○○

我們不應該只是欣賞的觀眾，

而是要成為展現自我的創作者。

我不遵循世間安排的道路，

我可以創造自己的生活，

我只走自己的路。

唯有清楚確立方向，
才能找到努力生活的理由，
而且不會半途而廢。

擺脫「貧窮思維」，進入「VIP」思維模式

「難道一定要從名校畢業才能成功嗎？」

「難道一定要有很多客戶才能成長嗎？」

「難道一定要生意興隆才能發財嗎？」

在閱讀這篇文章之前，不妨先問問自己這些問題。你可能會自然而然地覺得：「這不是理所當然的嗎？」、「這難道還用問嗎？」

然而，這絕非都是理所當然的問題。舉例來說，我們有時候會把學歷和成功混為一談，從而陷入困惑。最典型的例子是，很多公司老闆聘用的員工學歷常常比他們自己更好。唯有清楚明白箇中道理，才能真正實現個人成長。換句話說，唯有了解隱藏在其中的祕密，才能讓你的努力轉化為成就。讓我們再藉由幾個例子更詳細地說明這一點。

飛往法國的頭等艙價格比最便宜的座位貴大約十倍，這個價差幾乎不受匯率或油價影響。在其他國家也一樣，十倍的定律從未被打破。世界級飯店最頂級房間的要價也超乎想像的高昂，甚至還有一晚費用高達數億韓元的高價套房。然而，同一間飯店內也有一晚只需十萬韓元左右的房間。高級壽司店也是如此，雖然每個人收取的餐費本身是固定的，但是有些VIP顧客可能會在一餐花費超過二千萬韓元，而大多數人在這家餐廳花費的價格，卻不到一百萬韓元。

一般人或許會認為機票、豪華飯店和無菜單壽司很貴，但是實際上這些價格非常便宜。因為在同一個空間裡，有些人願意支付超過十倍的價格，這讓其他人能夠幾乎以「附加」的形式享受這些服務。

萬一少了他們，我們就必須支付比平常高出三倍的費用，才能勉強得到我們現在享受的事物。不過在這裡有一個疑問：「如果飛機只設置頭等艙，飯店只提供頂級套房，餐廳只接待VIP顧客，會不會賺得更多呢？」然而事實並非如此。雖然富人看起來很喜歡自己的圈子，但是從本質上來說，他們是從那些身處於比自己狹窄的空間、接受相對較低規格服務的人那裡獲得優越感，藉此享受奢侈的樂趣。換句話說，正是由於大部分的人很難負擔得起，才會推高價格，從而讓他們透過花錢獲得最大的快感。

世界就是在這種不平衡中找到平衡的，唯有理解這種「不平衡的平衡」的奇妙狀態，才能進入「VIP」思維模式。在這裡補充說明一下，我們在現實中會看到有些以美味著稱的高級壽司店，明明生意很好，最後卻還是倒閉了，這不是很奇怪嗎？為什麼生意很好卻要把店收起來不做呢？如果你有好好閱讀以上文字，應該就不難理解了。這是因為雖然有很多客人願意支付一般價格的餐費，甚至多到需要預約的程度，但是沒有願意支付十倍以上價格的VIP顧客存在的緣故。因此，無論我們在哪裡做什麼，都需要有願意支付十倍以上費用的VIP顧客。在任何領域裡，努力是基本的要求，關鍵是進入VIP的思維模式，聚焦在「自己思考的層次能否提升到十倍以上？」這個問題上。

在自己的內心
培養思維的方法

我曾經採訪芭雷舞者姜秀珍。她一開始就告訴我：「我接受過太多次採訪了，所以不管你問什麼問題，都不會得到什麼新的答案。」說得沒錯，畢竟她已經回答過成千上萬個問題了。於是我稍微改變問題的方向，問她：「是什麼讓妳願意練習長達十八個小時呢？」我之所以會這麼問，是因為大家都知道她在過去三十幾年裡，每天都花十八個小時練習，如果只是驚訝地問她「這樣怎麼生活呢？」或「妳不會覺得很累嗎？」沒有什麼太大的意義。

面對我的提問，她沉思了一會兒，接著給出了意想不到的回答。我本來預計她的答案會是「為了展現更完美的藝術」或「為了好好完成想像中的表演」，但是她竟然回答：「為了活下去。」

她這句話的意思是：「為了在陌生的世界裡，靠芭雷舞這門藝術活下去，也就是生存下去，就必須每天投資十八個小時在練習上。」即使是聽同一個人講述同樣的故事，只要稍微改變一下提問方向，或許就能聽到以前從未聽過的真實心聲。

那天，我第一次真正了解她的生活，對於她那難以讓人產生共鳴的人生，就像得到答案一樣，變得清晰可解。希望各位在閱讀以下文字時，能夠了解如何培養這樣的觀點，並明白這種能力的養成，可以為我們帶來什麼樣的價值。

有一家超市陳列著高價的威士忌，並在架上寫著「全球限量一百零六瓶，韓國僅進口五瓶！」標上了高昂的價格。看到這個景象，你會有什麼想法呢？大部分的人可能會說：「超市裡怎麼會賣這麼貴的酒？」然而，僅僅只是對價格感到驚訝並不是什麼新鮮事，很難期待從中得到有價值的回應。相反地，如果你能問自己：「這個場景對我來說有什麼意義呢？」就能夠獲得一個思考的題材。你一定要記住這句話，因為它足以奇蹟般地徹底改變你的一天。

當然，還有比這更昂貴的酒，而且在其他領域也是一樣，最便宜和最高價的商品共存是現實。但如果僅以價格來判斷事物，就永遠無法了解其珍貴之處，也就是它們想對我們傳達什麼，或者它們對我們有何意義。

〇〇〇

事物本身沒有力量，

反之所有力量都集中在

觀察它們的人身上。

因此偉大的思維

屬於創造它們的人。

瞬間擠進前百分之十的思維模式

某間企業的董事長因為自己旗下的棒球隊奪冠非常開心，所以宣布要舉辦特別優惠活動。每個人對此的反應各有不同，但是大致可以分成兩種，一種是「因為他是董事長所以才做得到，要是我身邊也有這樣的人就好了」，另一種則是「我也想成為一個像這樣能夠分享喜悅的人」。

那些總是將一切歸咎於環境或命運的人，會表現出前者的態度；而那些想要自行開創出一條新道路的人，則會表現出後者的態度。實現夢想和目標之所以困難，且只有少數人能做到，就是因為擁有開創精神的人很少。不過可以肯定的是只要相信自己做得到，任何人在任何領域都可以進入排行前百分之十左右，但是前提是必須擁有以下的心態：

第一，相信自己的可能性並堅持下去。其實也不需要堅持太久，因為大部分的人通常不到六個月，就會失去信心並半途而廢，所以關鍵不在於你要特別擅長什麼，而是要相信自己並持之以恆。相信自身可能性的人，往往不會尋求其他人的意見。我們常常看到有些人會問：「你覺得這行得通嗎？」、「你覺得這有可能成功嗎？」試圖藉由其他人的認可來獲得安慰，他們這種行為就等同於對自己的選擇缺乏信心的證明。因為如果對自己有信心，就不需要特地詢問別人意見。有信心的人反而會利用這些時間，在自己的工作上投入更多的精力，而非尋求他人的認可。

第二，世界上百分之九十的人都不是我的對手。前面提到的那些人總是能找出做不到的藉口，但最重要的其實是掌握正確的方式看待與運用自己的價值。原因很簡單，因為「我做不到」的想法會讓你什麼都做不成。換句話說，就只是什麼也不做，卻喊著「我做不到」而已。因此，我認為這個世界上最沒用的事情，就是「硬要」去想自己做不到。

這真是太美好了，只要相信自己的可能性並堅持下去，即使是不太擅長的事情，也能夠成為一百個人裡的前十名。我希望你能擺脫「要是我身邊也有這樣的人就好了」這種順應命運的想法，轉化為「我也想成為那樣的人」這種對抗命運的思維。從那一刻起，相信你就能展開全新的人生。

○○○

今天改變思維，

明天改變人生！

人生總是必須先付出思考的代價才能換來。

不要抱持疑問
而要提出問題

大家都知道問題會對成長產生影響，但是儘管每個人都在提出問題，有些人會成長，有些人則不會，原因就在於有百分之九十以上的問題，都停留在「疑問」的層次。

不是每個以問號結尾的句子都是問題。舉例來說，假設我說我每天只睡三個小時，可能有百分之九十的人都會這樣問：「只睡三個小時怎麼活啊？」這就稱不上是問題，因為其中包含「人怎麼可能只睡三個小時！」、「活得這麼累有什麼意義！」、「有必要這麼拚嗎！」之類的想法。這種類型的句子就是偽裝成問題的疑問，這種疑問不管問誰，都得不到有智慧的答案，即使是世界上著名的哲學家或頂尖企業的老闆來回答也一樣。

然而，這個世界上大約百分之十的人聽到同樣的話，卻會提出截然不同的問題，就像我之前對芭蕾舞者姜秀珍提出的問題一樣。也就是說，在聽到我說我每天只睡三個小時後，「是什麼讓作家您每天只睡三個小時呢？」這種提問的方式，才是真正的問題。這樣的問題可以從我這裡獲得數不清的價值回饋，比如我身為作家的使命感、管理時間的方法以及生活的哲學等，而且這些答案都可以被提問的人所吸收內化。

這也是為什麼你的閱讀不會為你帶來成長的動力。舉例來說，看我文章的讀者有百分之九十都會這麼問：「這小學生做得到嗎？」、「七歲的孩子也做得到嗎？」、「我沒有學過也做得到嗎？」如果抱持這樣的疑問，無論書讀得再多，都不會讓你有所進步，因為「我做不到」或「我家的孩子還太小了做不到」等否定的想法深植其中。那麼應該怎麼提出問題才對呢？我們不妨改用以下的問法。

「這小學生做得到嗎？」
→「如何讓小學生也做得到呢？」

「七歲的孩子也做得到嗎？」
→「要加點什麼，才能讓七歲的孩子也做得到呢？」

「我沒有學過也做得到嗎？」
→「如果沒有學習經驗，有什麼方法可以執行呢？」

如果能用這樣的方式來提出問題，你的人生將會變得更加豐富。所以不要抱持「做不到的疑問」，而是要提出「如何做到的問題」，為珍貴的「自己」開創更多的可能性。

透過壓縮成長
改變人生格局的方法

無論功能有多好，
投入多少心血研發，
總有一些產品和服務
銷量不如預期。

這究竟是為什麼呢？
這個世界上很少有不努力的人，
但是如果你想在人生中有所成就，
就一定要了解這個事實。

最差的產品，
是「需要說服的」；
普通的產品，
是「靠說明就足夠了」；
而最棒的產品，
是「光看就讓人心跳加速」。

不需要耗費心思
去說服和說明，
只要展示出來，
就會自然傳達出產品的
價值與必要性，
所以無論創造和提供的事物為何，
生命都會變得更加豐富。

如果你努力了很久，
生活卻絲毫不見起色，
很可能是因為
你毫無意義地執著在
需要說服與說明的事情上。

如果你想改變人生的格局，
就去做一些你自己看了
也覺得心跳加速的事情吧。
因為唯有如此才能讓別人的心
也跟著跳動起來。

最後會成功的人在細節上有所不同

「作家您好，早安。」

有一天早上，我從某間出版社老闆那裡收到了這樣的簡訊。讀到這則簡訊的時候，我就立刻決定要在他經營的出版社出版一本書。這是什麼原因呢？如果要說明這一點，就要追溯收到簡訊的前三天。那天我與他見面，確認了合約條件，也拿到評估用的草約。通常這樣進行下去，出版社過幾天就會傳來類似這樣的訊息：「作家您好，請問合約確認好了嗎？」或「您應該會和我們完成簽約吧？」因為急著想要順利簽約，所以他們會在簡短的訊息中使用「確認」、「合約」和「完成」等詞彙。

然而，這間出版社老闆選擇的詞彙卻截然不同。如前面所述，他對我說：「作家您好，早安。」我相信在送出這則簡訊前，他一定花了至少三十分鐘深思熟慮，煩惱著：「我該傳什麼樣的簡訊，才能讓作家在回覆時不會覺得有壓力呢？怎樣才能表達我想與他一起創作一本書的心意呢？」於是一則不帶給人壓力，飽含真誠的句子就這麼誕生了。其實如果是平時，我可能會覺得這只是一句普通的問候語，但是在這種情況下，我自然而然地認為：「啊，這真是經過深思熟慮的一句話呀！」

這間出版社成立只有大概六個月左右，雖然名聲和知名度不算很高，但是在過去這段時間裡，即使大環境不好也能快速成長。僅僅從老闆傳給我的簡訊中，我就能充分了解到其中的原因。

無論在哪個領域，成功與成長都需要注重細節。舉例來說，只要貫徹大多數人質疑「有必要做到這種地步嗎？」或「一定要做到這麼細緻嗎？」的生活，就能創造奇蹟。不管是那些工作表現出色的人、總是締造超乎預期成果的人，還是真正做到實至名歸的人，往往都會注重這些細節。

當你環顧四周，你會發現那些成功的人會一直保持成功，而那些不成功的人，無論多麼努力都無法成功。但是這樣的結果絕對不是幸運或不幸決定的。就像我前面提到的那樣，那些「不需要做到這種地步，也已經過得很好的人」特意選擇了更為艱難的道路，每天不斷提升自己的能力和成就。相反地，那些「必須做到這種地步的人」卻沒有這麼做，所以才會落後得更多。

這個道理同樣適用於閱讀。那些不需要特意加強閱讀，憑藉現有的智慧就已經足夠的人，比那些需要閱讀的人還更熱衷於閱讀，這也進一步拉大了差距。國家和環境的差距是個人沒辦法改變的，所以更要提升自己的能力，這是改變命運的唯一方法。

如果你想成為無論做什麼都能成功的人，就得要接受「有必要做到這種地步嗎？」的思維並反覆執行。如果你把這些細節內化成你的生活，那麼各種幸運與奇蹟自然就會降臨在你身上。

總能打造爆款內容的人究竟有何不同之處？

這個世界上每個人都在各自創造並銷售自己的內容，只是運用的方法不同。那麼，那些總能打造爆款內容的人，究竟有何不同之處呢？很明顯的一點在於，他們創造的是「商品」。反過來說，那些內容賣不出去的人，他們創造的是什麼呢？他們試圖創造的是「作品」。換句話說，商品與作品之間有著巨大且難以跨越的鴻溝。

深入掌握趨勢和需求而創造的商品，能夠獲得大眾的喜愛，隨著時間流逝成為經典後，人們便會開始稱呼過去的商品為作品。唯有將這個過程牢記於心中，才能將你的內容轉化為作品。

這個世界上沒有任何東西打從一開始就是作品。從一包零食到藝術創作，所有領域的內容皆是如此。起初它們都是商品，在經過上述的過程後，最終成為了作品。如果不了解這個過程和順序，你將在作品的洞穴中度過一生，永不見光明。

○○○

瘋狂創造商品吧！

沒有打從一開始就是作品的東西，

現在優秀的商品，未來將會成為傑出的作品。

顯著提高
減肥成功率的思維模式

俗話說得好：「減肥是一輩子的事！」減肥確實很辛苦。我在減重三十公斤以後，維持了三十年都沒有復胖，是因為我養成一個日常習慣：每天只吃一餐。不過雖然持續了三十年，還是覺得很辛苦。克制自己享受快樂的事物不會變成習慣，所以等於每次都在抵抗誘惑。

不過我有一個輕鬆拒絕誘惑的方法，就是從可能性的角度來設定基準。我不是從最後一餐結束的時候開始計算空腹時間，而是從感到飢餓的那一刻開始計算，如此一來基準就會發生改變，擴大耐心的範圍。

如果從最後一餐結束後開始計算，「空腹十個小時」這句話可能讓自己連發音都覺得很辛苦。但是如果從自己意識到飢餓的那一刻開始計算時間，頂多也只有三～四個小時，可以明顯減少痛苦的感受。這個方法也可以應用到其他領域，讓你在做任何事情時，都能稍微提高成功的可能性。

你一定要牢牢記住，你可以做到任何事，所以不妨跳脫世界規定的框架，擁抱自信吧。不要試圖在數字中尋求勝利，而是要成為一個無人能侵犯的存在。除此之外，不要忘記任何人都是從不熟練開始的，因此不管是第一次找工作、第一次創業、第一次寫書、第一次準備演講，或其他任何情況，如果沒有達到預期的結果，我希望你能對世界這樣說：

「你不選擇我也沒關係，但是你要記住，你會成為第一個，也是最後一個錯過我的人。現在我不會再等著被選擇，而是會主動選擇我的夥伴，你已經錯過了抓住我的最後機會。」

拋開世界的標準，做出讓自己快樂的選擇，並且持續記住這句話。

「一個人的幸福裡承載著無數的選擇。」

現在每個人都在做無數的選擇，而幸福取決於這些選擇的過程和結果，最健康、比任何人都要美麗而堅強的生活，就在這些選擇的同時、日復一日的生活中。還有別忘了，這個世界不是自己能夠控制的，越是抱怨「為什麼不是我？」只會讓你越是放大自我懷疑。

○○○

無論何時，你都要堅信自己。

不要停下來，要不間斷地

給予自己機會。

真正成功的人
只專注於自身工作的原因

假設你為了在某個領域累積人脈，每天與人見面交流，建立「你認識的一千個人脈」，那麼你接下來應該做些什麼呢？你需要花時間打電話給他們，並共進餐敘建立情感，這是因為你需要維持這些關係。

現在讓我們試試看別的選擇吧！如果像這篇文章的標題一樣，只專注在自己的工作上，每天提升自己會怎麼樣呢？「你認識的一千個人脈」會自然而然地形成，而且我要再強調一遍，這一千個人不是「你認識的人」，而是「認識你的人」。你認識的人只要你把手機弄丟了，大部分都會瞬間消失，但是認識你的人則不會。

這是一個非常革命性的變化，因為你不需要花費精力，逐一與這一千個人見面吃飯，你只需要透過自己的生活證明自己的價值即可。只要專注在自己身上，生命中的一切都會自然而然地迎刃而解。

舉例來說，如果你每天都在社群平台上傳自己寫的文章，那麼對文章產生共鳴的人就會聚集過來。隨著時間的拉長，認識你的人就會增加。此時你要做的就是持續穩定地寫作，並將你的想法傳遞給世界。如此一來，與你的文章產生共鳴的人，就會成為你的推廣者，從而吸引身邊更多的人。一個人變成兩個人，很快地就會增長到一千人。

有智慧的人總是專注在自己身上。起初，勉強建立起來的人脈，看起來既務實又有助益，但是只要經過一段時間，就會自然而然地察覺到一個美妙的事實，那就是「只有為自己花費的時間，才是真正屬於自己的」。除此之外，「我認識的一千個人脈」只要電話壞掉就聯絡不上了，積累下來的一切也會像灰塵一樣消失，但是過去專注於自我所累積起來的能力，則會原封不動地保留在自己身上，自然而然地為你帶來富足的人生。因此，即使一切都消失了，你也可以馬上重新開始，因為你已經擁有不需要競爭、堅定不移地走在自己道路上的力量。

○○○

持續專注在自己身上。

你要經常接觸的最好的人脈

不是別人，

而是自己。

如果你想改變人生的格局，
就去做一些你自己看了
也覺得心跳加速的事情吧。

以最快速度將自己的能力提升十九倍的方法

每個人的能力都差不多，但是根據你的選擇，結果也會有所不同。如果說一個人的可能性是百分之百，其中百分之五是「這不可能！」的消極想法，另外有百分之五則是「先試試看再說！」的積極想法，而剩下的百分之九十則會隨著消極和積極想法的強弱，被吸引到更為強烈的一方。

簡單來說，在思考與判斷上總是較為消極的人，有百分之九十五的力量都會傾向消極這端。反過來說，相信事在人為並勇於嘗試的人，則有百分之九十五的力量傾向積極。這就是為什麼我在開頭所說，每個人的能力都差不多，重點只在於如何選擇。

如果你選擇消極的心態，就等於放棄了自己百分之九十五的力量，反之如果你選擇積極的心態，就能擁有百分之九十五的巨大力量。選擇的不同，最終決定了你是擁有百分之五，還是百分之九十五的力量。

乍看之下，兩者之間相差十九倍，可能會讓人覺得是天賦本身有所差距。但是如果仔細觀察，就會發現只要選擇了積極的心態，就能一口氣將所有力量發揮出來。因此世界上所有的成功人士都會這麼說：「只要你認為自己做得到，最終就會獲得成功，你將會成為自己選擇的模樣。」

快速培養影響力
意想不到的方法

在一句話裡同時看到「影響力」、「快速」和「意想不到的方法」等詞彙，你的腦海中或許會自然而然地產生這樣的想法：「難道是想介紹什麼特別的方法嗎？」沒錯，我要介紹的這個方法確實有點特別，因為它能檢視我們經常忽略的「影響力的本質」。那麼，我就直截了當地告訴各位，如果想要快速培養影響力，這就是最好的方法：

「堅持執行你認為正確的事情。」

為了幫助各位理解，我來補充說明一下。那些偷偷幫助貧困兒童的餐廳老闆有時候會被發現（？），然後成為各種媒體或網路上的熱門話題。有很多人都是藉由這種方式獲得注目，他們也從而產生了影響力，甚至有很多人號召「用錢讓它下架」。雖然他們賣的東西和以前一樣，但是營業額和影響力一口氣提升超過十倍。

不過仔細想想，他們的行為並沒有多麼偉大，也沒有特別到前所未聞。其實只要有心，任何人都做得到這些事情。

- 提供食物給那些飲食匱乏的貧困兒童，確保他們都能吃得飽。
- 給那些為了撲滅森林大火，而無法正常進食的消防員們送食物和飲料過去。
- 儘管營業額因為新冠病毒疫情只剩一半，仍然願意捐贈物資給那些過得更辛苦的街坊鄰居。

你覺得怎麼樣呢？其實並沒有什麼新奇的東西。那些快速提升影響力的人，只是堅持執行那些人人都知道並認為正確的事情，這裡很重要的一點就是「堅持」。在現實中，很多人都會做他們認為正確的事情，但是隨著時間的流逝，如果這些事情賺不了錢，或者他們受到誘惑，就很容易失去初心，走上不同的道路。不過沒有關係，我們隨時都可以回頭，而且你要記住，做正確的事情永遠不嫌晚。

我會如此形容這樣堅持的生活——「美麗又堅韌的生命」。那些美麗又堅韌的人們，成功與成長終將降臨在他們身上。不需要什麼特別的東西，只需要默默地做自己認為正確的事情即可。每當遇到各種變數而感到動搖的時候，就問問自己：「這是正確的事情嗎？」如果答案是「不正確」的話，那就一步也不要踏出去。

行動的人沒有理由，
不行動的人有千百個理由

FIRE族（Financial Independence, Retire Early，提早財務自由），這是近年來無數人夢寐以求的生活方式。如今，有越來越多的夫妻在三十幾歲或四十幾歲就提早退休、環遊世界。他們通常不生小孩，會賣掉房子，把大部分的錢拿去投資股票，為晚年生活做準備。他們也經常透過影片分享日常生活給大家看，藉此賺取額外收入。

看看這些影片以下的評論，不難發現同齡人對於他們的收入很感興趣。理由很簡單，就是因為羨慕像他們辭掉工作、環遊世界的生活。但是很遺憾的是，好奇他們收入的人，無論知道他們賺多少錢，在現實中都不會有所行動。這點就是關鍵所在，因為明明只要採取行動就能體悟到的價值，他們卻仍然無動於衷。

舉例來說，如果他們的股票和YouTube的額外收入比預期要高，這些人就會說：「你看，就是因為有錢才做得到，像我們這種一般人根本不可能。」然後繼續停留在現狀。相反地，如果他們的收入比預期要少的話，這些人就會說：「什麼鬼，還這麼年輕就這樣過日子，以後要怎麼辦？」然後找到不改變現狀的理由。總而言之，不想改變的人總是比實際採取行動的人更多話，也會提出更多的問題。

事實上，打著「我也想要改變」的理由詢問他們收入的人，打從一開始就不合邏輯。因為如果已經決定要改變，那麼就沒必要好奇別人的收入。畢竟別人的收入是他們的，要做的應該是制定適合自己的方式和計畫。此時問東問西的行為如前所述，只是在掩蓋自己脆弱的意志，為不肯採取行動找藉口。

對於快速實踐並取得結果的人來說，不需要什麼特別的理由；對於安於現狀而不願意行動的人來說，總有各種理由不改變。不要拿理由當作盾牌來為自己遮擋或掩護。提問本身可能是在掩飾自己脆弱的內心，有時候我們應該停止提問，直接採取行動，今天不妨讓我們稍微鼓起勇氣吧。

只要你認為你做得到，你最終就會獲得成功，
你終將會成為你選擇的模樣。

從年輕時開始
就成長得比誰都快的方法

我們經常會有一種錯覺，之所以必須意識到這個錯覺，關鍵的理由就在於，它會讓我們即使再怎麼努力，也無法獲得相應的成長和成果。這個錯覺就是：「只要時間過得夠久，任何人憑藉努力都可以成功。」

事實上，比別人成長得更快或成功的人都知道這只是錯覺。所以他們往往異口同聲地說：「你必須打從一開始就與眾不同，也要在最初就清楚自己渴望獲得什麼樣的結果。如果你沒有在年輕時就領悟到這個事實，老了以後就只能繼續吃苦，在充滿遺憾的日常裡度過餘生。」他們這麼說是有道理的，因為我們沒辦法實現自己無法想像的事物，一個人能夠憑藉努力獲得什麼樣的成果，打從一開始就決定了。

《少年維特的煩惱》這本書是世界上第一本暢銷書，也是當時年僅二十七歲年輕作家歌德的作品。憑藉這部作品，他讓自己的名字傳遍全世界，甚至有很多人為了閱讀他的書而學習德語。在當時，德國是歐洲文化水準最低的國家，而一名年輕作家創造了奇蹟。歌德給那些想跟他一樣、在年輕時就成功的人留下一則訊息：

> 「所有事物都應該在年輕時追尋，青春本身就是一種光芒，在這光芒變得黯淡之前，我們要努力去追尋。那些在年輕時努力追尋的人，在人生的後半段會比任何人都更加富足。」

那些在年輕時就取得成功的人、和大文豪歌德告訴我們的快速成功祕訣，都集中在以下三個建議中，不要只是讀過就算了，務必透過朗讀和抄寫來內化成自己的東西。

第一，你的人生高度取決於你讚美的對象。讚美是顯示智慧層次最明顯的證據，因為我們只能在東西或其他人身上，發現並讚美自己了解的事物。所以讚美別人並不是降低自己的地位，而是將自己置於與對方相同的位置。由此可見，只要找一個你嚮往成為的人，並且讚美對方，你的層次將會迅速獲得提升。

第二，老是被自己的情緒牽著走是最可憐的。你應該成為自己內心的掌控者，如果一直沉溺在那些悲傷、困難、焦慮和孤獨等誘惑的聲音中，你的生命將會因此虛度而過。所有的知識只要稍加努力，任何人都能夠習得，但是只有你的內心是你自己的，這一點千萬不能忘記。唯有如此，你才能追求自己的道路，並且昂首闊步地走下去。

第三，為他人的優點與喜悅感到讚嘆。世界上最幸福的人是誰？那些只為自己的優點和好消息開心的人獲得的幸福最少，而能夠對他人的好消息和優點產生共鳴並一起慶祝的人，則會獲得加倍的幸福。懂得尊重別人的優點，共同享受他人喜悅的人，就可以擁有更多的幸福。自然地，他們學到的事物也會更多，能以滿滿豐富的感受填滿自己的內心。

帥氣或漂亮的人
口才也很好的原因

當外貌出衆的人開始說話時，
不管他們在說什麼，
大家通常都會聽到最後。
原因很簡單，
是因為他們講的內容很有趣嗎？
並不是，
而是因為「想多看一會兒他們的臉蛋」。

他們的優勢不止於此。
無論他們說什麼，
中途都不會被別人打斷，
這份每次都能講到最後的安全感，
足以為他們帶來強大的力量。
他們不需要煩惱，
因為不管談論任何話題，都能獲得很好的反應，
這點讓他們自然會對各式各樣的主題產生興趣，

從而成長為一個博學多聞的人。

接著有一天，
當他們的口才被看見時，
通常會聽到這樣的讚美：
「哇，你的口才『也』很好。」
這句話裡面有這樣的意思：
「長相這麼出色，口才也很好。」
「你至少很會說話。」和
「你的口才也很好。」
對於聽者來說感受截然不同。
有些人甚至會加上尊敬的語氣，
「您的口才還真是出色。」

很多長得好看的人
之所以說話也很得體的原因是，
他們在一個完全得到支持的環境中，
有充足的機會去做到最好，
所以能夠擁抱自信，把話說得越來越得體。
再加上「你的口才也很好。」
如此美妙的讚美，
造成他們「不知不覺」就養成了好口才。

我特意提到這些人的原因
並不是想要强調
外貌出衆的優勢。
而是想要强調
「閱讀」與「寫作」的重要性就在於此。
無論你現在讀的是什麼、寫的是什麼，
都能夠為你帶來最美好的反應，
也足以賦予自己信心。

即使所有人都討厭或不喜歡你，
你也可以愛自己到最後一刻，
而且始終給予自己機會。
外貌的魅力或許是與生俱來的，
但是閱讀與寫作是能夠透過後天培養的，
這就是深厚的智慧所散發的魅力。

外貌會隨著年齡的增長而逐漸衰退，
但智慧散發的魅力，
卻會隨著歲月的積累變得更加耀眼。
所以好好閱讀和書寫
並深深地愛自己，
你就是最有魅力的人。

Chapter 3

宛如閃電般降臨 改變你生命的語言

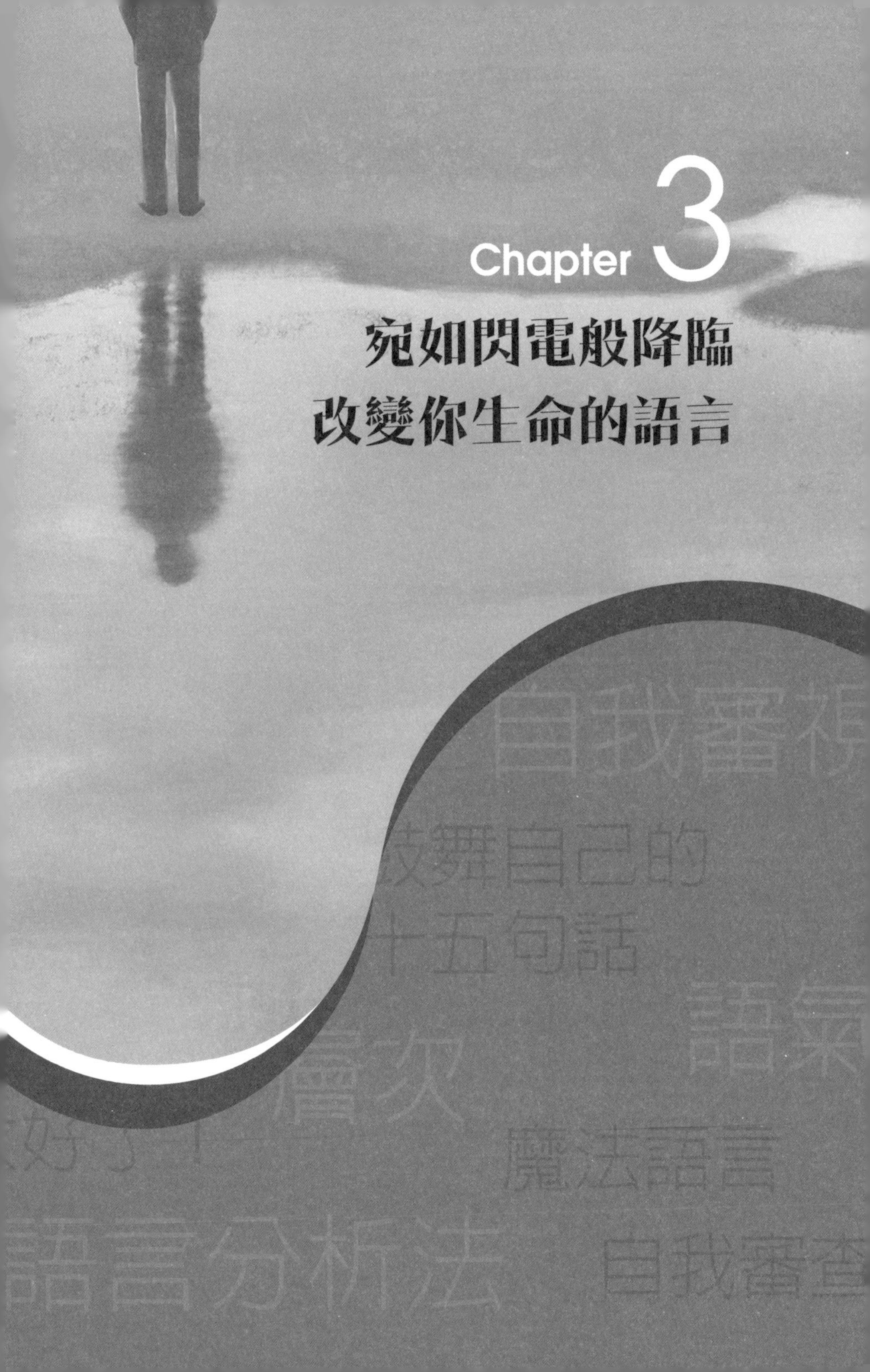

讓流浪漢擁抱希望的八十萬韓元

美國曾經做過一個深具啓示的實驗，清楚呈現了人類的心理和慾望。研究人員每個月給流浪漢三十萬元韓元（約台幣六千八百元），然後觀察他們會如何使用這筆錢。結果怎麼樣了呢？就如同預期的一樣，他們用這筆錢買酒或香菸，忠實地滿足他們那些難以割捨的慾望。

然而，在那之後發生了令人驚訝的事情。當研究人員將每個月提供的金額增加到八十萬元，幾乎是原本金額的三倍時，卻觀察到完全不同的結果。雖然有百分之二十左右的流浪漢，仍然像以前那樣用酒精或香菸來滿足自己的需求，但其餘百分之八十的人卻出現了非常驚奇的變化。如果把最關鍵的變化濃縮成一句話，那就是他們「開始儲蓄了」！

為什麼會有如此驚人的變化呢？儲蓄戰勝了當下所有的誘惑，開始對未來懷抱憧憬的證據。他們首先減少或戒掉了酒精和香菸，開始正常的規律飲食，並且通盤檢討自己的生活。除此之外，他們克制慾望和儲蓄的日常態度，轉化為尋找工作的決心，最終甚至存下一筆可觀的金錢，這是任誰都沒料想到的奇蹟。

雖然看似金額相去不遠，但是每個月提供三十萬元和八十萬元的差距卻如此巨大。如果說三十萬元只是微不足道的希望，那麼八十萬元則是一個能讓他們對未來產生憧憬的偌大希望。這不僅適用於流浪漢，我們在每天的日常生活中，也在為自己傳遞名為「語言」的價值。有些語句雖然用希望包裹起來，但實際上只有三十萬元的力量，而有些語句則擁有八十萬元的力量，只要澆灌這些語句，就擁有足以改變明天的強大影響力。

我現在講的這些話，或許可以瞬間改變你的人生。你有多少語句能夠發揮八十萬元以上的價值呢？你經常賦予自己的語句擁有多少的價值呢？是不是明明有很遠大的夢想，但是說出來的卻是只有價值不到三十萬元的脆弱語句呢？萬一真是如此，以此度過的歲月只會讓你對自己感到屈辱，因為即使再怎麼努力，也沒辦法達成任何成就。

即使在相同的空間與時間做同樣的事情，結果卻有所差異，原因就在於每個人對自己說的話都不一樣。成為大富翁的語言、成為智者的語言、累積智慧的語言都不盡相同。唯有選擇並使用正確的語言，才能迎接自己渴望的未來藍圖。

「我做得到嗎？」

應該改成「我要怎麼做才能做到呢？」；

「因為是他才做得到。」

應該改成「如果我也想要做到的話，應該怎麼辦才好呢？」

只要稍微改變一下表達方式，你就可以給予自己價值超過八十萬元、宛如珠寶般珍貴的話語。這不需要任何準備，只要從現在開始就可以了。

只要改變語言的層次，就能改變生命的層次

當即將出獄的罪犯因另一件犯罪的事實傳開後，有個記者寫了一篇報導關於這個罪犯「很有可能再次被判入獄」，標題是：「另一起事件妨礙了他的出獄之路！」很多看到這則報導標題的人紛紛留言憤慨地說：「什麼叫做妨礙？這個記者是不是瘋了？難道記者是犯人的直系親屬嗎？」、「這明明是理所當然的事情，撰寫報導應該注意用詞，不要隨便亂寫！」、「現在這個時代誰都可以當記者，這就是為什麼記者會被叫作垃圾！」

你讀完這些留言有什麼想法呢？報導的標題固然不妥，但是留言的措辭也不太合適，因為它們煽動了憤怒與仇恨。低級的語言會招來同樣使用低級語言的人，這是語言展現的定律之一。標題和留言的水準幾乎完全相同，如果是語言層次較高的人，他們不會這樣留言，而是會以不同的方式來表達。不對，他們甚至不會打開這種標題的報導，因此也不會為此感到憤怒。

我們只能對自己知道的事物感到憤怒，反過來說，我們也只能對自己理解的事物感到讚嘆和欽佩。你現在感到憤怒或讚嘆的一切，都會如實反映你的層次與格局。如果你想知道一個人是什麼樣的人，只需看他對何種事物感到讚嘆與憤怒，這點會一五一十地清楚顯示那個人的眼界與深度。

我們無法活在超越自己語言層次的世界中。如果你想成為有錢人，就必須使用有錢人使用的語言；如果你想成為智者，就必須學習並運用他們的語言。因為語言的層次就代表一個人生命的層次。簡單來說，當你批評某個人的缺點時，證明你自己也有缺點需要改進。相反地，當你讚美某個人的優點時，就證明你擁有識別這些優點的眼光。

○○○

使用符合你想生活的那個世界
層次的語言。
這是進入那個世界
最快的方法。

掌握財富原理的人最謹慎運用的語言

想要成為有錢人的人很多，但是如果你問他們：「你認為何謂有錢人？」通常很少人能馬上回答出來。在這種情況下，應該再補問他們這樣的問題：「你要如何擁有自己都解釋不了的事物呢？」要成為有錢人，關鍵不在於環境或天賦，更重要的是你必須能夠解釋，有錢人對你來說代表著什麼樣的意義。如果連你自己都解釋不了，那你又如何擁有呢？

- 不用因為債務而向陌生人低頭求情。
- 每天都能過上自己覺得滿意的生活。
- 擁有不必被迫服從別人命令的生活。
- 能夠在生活中向值得的人傳遞善意。

如上所示，根據各自的想法，每個人都可以解釋自己想要成為有錢人的理由。在你能夠自行解釋這一點後，接下來就需要了解，那些掌握財富原理的人謹慎運用的語言與措詞為何。

過往在新冠病毒疫情期間，韓國的有錢人最先關注的焦點是什麼呢？那就是顛覆常識由逆向思維而生的投資方法。他們沒有舉債進行投資，而是一口氣還清所有貸款。他們預測由於疫情的緣故，景氣在短暫復甦後，很快地利率就會上升，隨之而來的是嚴重的經濟衰退。得益於此，他們在這段艱困的時期反而變得更有錢，或者新加入成為有錢人的行列。然而，即使聽到這個故事，有人仍然會說：「這誰不知道？哪有人會平白無故去借錢？還不是因為生意不好，薪水不漲，才不得已又去借錢的呢？」

說得有道理，這也的確是現實。然而，對於前面提到的那些有錢人，對他們來說，選擇把貸款還清，而不是借更多錢，要做到這點並不容易。理由很簡單，因為他們持有龐大的資產，所以比一般人更容易借到錢進行投資。放棄眼前看似輕易到手的未來巨額財富，保持冷靜是非常困難的。如果你是能夠輕鬆得到數十億元融資進行投資的有錢人，在低利率時期，恐怕很難擺脫投資的誘惑。儘管如此，他們還是沒有選擇借貸，即使借了，也在利率上升之前還清了所有貸款，並著手整理自己的資產。

從這裡開始非常重要。在聽到有錢人成功的祕訣後，有些人會說：「哎呀，這誰不知道呢？」、「因為是他才有可能。」但是這種話只不過是抱怨，因為他們沒有真正理解，所以根本沒有做好任何準備。掌握財富原理的人不會輕易說出「這我知道」。因為他們明白所謂「知道」有多困難，為了讓自己真正了解，他們堅信日常研究與投資的價值。然而，不了解財富原理的人，很輕易地就會把「這誰不知道呀！」這種話掛在嘴邊。

如果你想讓自己的生活更加富有，就不要輕易以為你知道。你並不了解，如果你真的了解的話，過去的你就不會做出那些選擇，也會讓自己徹底改頭換面，而且早就坐擁夢想的財富才對。每天好好思索「知道」的困難之處，相信你會從中發現擁有財富的原理。

揭開對方真實面貌的語言分析法

即使是初次見面，透過一個人口中說出的話，也能準確推測他過去在哪裡做了什麼，以及未來會擁有什麼樣的人生。語言是表現一個人過去、現在與未來的最佳證據。在人際關係中，最重要的不是在彼此都過得很好的時候，而是推測在最糟糕的時候會如何變化。如果有人平時經常對你說以下這三種話，最好能夠避開他們：

第一：會說「你一切都很好，只要你能改變一下這點就好了。」之類話語的人。這句話代表他們根本不喜歡你。回想一下那些對你說過這種話的人，後來你們的關係變得怎麼樣了呢？有好的結果嗎？在大多數情況下，這是他真心覺得你「一切都很好」或「只要改變一下這點」就完美了，所會使用的表達方式嗎？機率恐怕非常低。反過來說，這句話可以解釋成：「你的一切都很差勁，至少把這點改掉吧。」也就是說，這通常是在最糟糕，而非最好的情況下會說的話。前幾次或許還能覺得對方說的是真心話而忍下來，可是如果這種表達方式頻繁出現，就表示他們討厭你的一切，這樣的判斷幾乎錯不了。

第二：會說「大哥，我尊敬您！」、「可敬的老師，往後還請您多多提點！」之類話語的人。這是如果看不到利益就會拋棄你的人會說的話。有句話說：「不隨意將尊敬二字放嘴邊的人，反而會受到所有人的尊敬。」儘管如此，只要看看周遭，不難發現有很多人為了讓對方成為自己的人脈，會隨意脫口而出這樣的話。當然，有時候也可以發展成一段美麗的關係，但這極為少見，即使有所發展，你能說那是真的美麗嗎？當然，人與人之間的尊重是有價值的，但是關鍵在於說這句話的人內心真實的想法。最閃耀的價值始於自我尊重，如果你想知道他們說的話是否出自真心，不妨想一想他們的內心平時是否足夠坦然，很快就能知道他們的真面目為何。問問自己，他們是否有在數千人湧向別處時，擁有獨自留下的堅實力量；以及在數千人留下時，有勇於獨自離開的意志呢？如果沒有的話，那麼他們用「大哥」或「可敬的」開場白，很有可能就只是虛假的場面話。

第三，隨時可能露出本性背叛你的人說的話。就像有光明就有黑暗，有正面就有背面，人也是一樣。那些笑得太用力或話太多的人，往往存在想要隱藏的極度悲傷與孤獨。重點在於他們的情緒變化很快，可以一下子從這裡跳到那裡，所以即使遇到同樣的情況，也很有可能會用不一樣的原則和判斷標準。因為心情決定了態度和結果，所以他們經常產生失望和被背叛的感覺。更糟糕的是，他們有時會對你說這樣的話：「你真是太讓我失望了！」、「我沒想到你會這樣！」這明明是因為他們的情緒變化導致的現實問題，卻將責任歸咎於你。因此，我們應該關注平常不容易觀察到的那一面，那才是最能顯示一個人真面目的地方。

當然，能夠揭開對方真實面目的語言不僅止於此，前面介紹的幾個案例也不一定百分百準確。不過關鍵在於，正確分析人們在日常生活中經常使用的語言，才能夠透過語言獲得成長，並且避免遭到欺騙。因為所有的判斷實據都在語言中，如果你想深入了解對方，就要更加仔細地傾聽。

不要「自我審查」，而是要「自我審視」

我們經常在不知不覺中對自己施加壓力，傷害自己的內心，其元兇就是「自我審查」。自我審查之所以有害，是因為這個怪物只會讓我們提出這樣的問題。

「為什麼我有這麼多缺點？」
「我到底為什麼總是做不好？」
「我要到什麼時候才能成功？」

你覺得怎麼樣呢？這些問題都聚焦在「否定」和「不可能」上，因此，習慣自我審查的人，即使付出了再多的努力，生活也難以改善。看到這裡，你可能會想到身邊那些讓你覺得「這個人真的超級努力，但是……」或「好可惜，明明是個很認真的人……」這些人之所以始終過著讓我們感到惋惜的生活，就是因為努力的過程沒能累積起來，只能四散各處形成沒有意義的人生。

另一方面，在同樣的情境下，以「自我審視」角度生活的人，提出的問題在廣度和方向上截然不同。

「我擁有什麼？」
「如果想要成功，我應該做些什麼？」
「如果想要在三年之內達成目標，我今天應該做些什麼？」

所有的問題都聚焦在「肯定」和「可能性」上，結果也會往「成長」與「高效」趨近。

這也意味著，即使在相同的情況下，付出同等的努力，因為看待自己的角度不同，最終的結果也會截然不同。換句話說，我們應該用賦予自己可能性與價值的「自我審視」角度來生活，而不是陷入質疑自己的可能性與價值的「自我審查」中。我們永遠要記住，世界上所有的奇蹟，都是從相信自己的價值開始的。每天都透過自我審視來鍛鍊自身的智慧，像是最終爬上人生巔峰的美國開國元勛之一的富蘭克林，就為我們留下這樣的建議。

「如果你不想一死就被人遺忘，那就寫一些值得一讀的東西，或者做一些值得寫下來的事情。」

我們不妨試著把他的建議融入到自己的生活中，每天對自己發出這樣的訊息：

「無論是言語還是行動，都要具備值得被記錄的價值，這就是實踐自我審視的生活開端。」

年輕的富人們最常掛在嘴邊的話

三星集團創辦人、已故的李秉喆會長曾經談到「用錢無法解決的三件事」。一是打敗競爭對手，二是打高爾夫球時將球送到自己想要的位置，最後一件事是把孩子送進首爾大學。即使是韓國最富有的人，子女的教育對於他們而言也是一大難題，但是反過來說，這也意味著一個重要的事實：「子女的教育是最公平的一場競賽遊戲，即使花費鉅資也無法輕易取勝。」

當然，稱之為「遊戲」可能不太合適，但我想表達的是，子女的教育是人生中為數不多、所有人都能從同一個起跑線出發的機會之一。那麼，李秉喆會長最常用於教導子女們的方式是什麼呢？那就是「發掘和掌握不為人所知的價值」。為了達成這個目標，他經常給孩子和媳婦一定的金錢，要求他們去購買藝術品或古董。因為他想測試一下孩子和媳婦的眼光，看看他們對於事物的價值有多少掌握度，同時也想藉此過程提升他們的鑑賞眼光。

至於他是否認為只有子女的教育才是一場公平的遊戲呢？從一些小地方觀察，我們不難發現，他認為致富和創業也是一場公平的遊戲，只要具有良好的眼光，任何人都能夠達成。為了培養良好的眼光，並在這場公平的遊戲中勝出，他有一個口頭禪，那就是「一切」這個詞彙。這個口頭禪除了他以外，竟也經常出現在不同領域中取得輝煌成就的人身上。「一切」這個詞彙蘊含著豐富的意義，與「不全然如此」正好相反，我們不妨仔細思考看看。

「一切都可以這樣定義。」
「這一切都在我的掌控之內。」

要能做出如此强烈的斷言，需要事先耗費大量的時間與思考，因為唯有排除各種不同的想法和意見，才能以「一切」為前提講出這樣的語句。除此之外，這些人充滿强大的自信，也擁有明確的想法，所以才能不斷迎向挑戰，直到獲得想要的結果。

○○○

無論我們失敗多少次，
失敗都不會讓我們真正倒下。
讓我們倒下的關鍵性因素只有一個，
那就是害怕失敗而不敢嘗試。
如果我們持續追求成長，反覆嘗試，
任何失敗都無法將我們擊倒。

今天沒能解決的問題，
明天還可以再試一次，
今天失敗的事情，
明天還可以重新挑戰。
這正是那些在日常生活中，
經常使用「一切」這類言語之人的思考方式。

如果你現在有渴望獲得的事物，
無論是金錢、名譽還是更高的地位，
不妨經常使用「一切」這類的語言，
並貫徹這樣的思維，就能將其化為現實。

唯有選擇並使用正確的語言，

才能迎來自己渴望的未來藍圖。

擁有高度自我價值感的人唯一的共通點

以自我價值感極高而聞名的樂聖貝多芬，與世界著名的大文豪歌德相互敬重，兩人時常聚在一起分享靈感。有一天，當他們一起在公園散步，路過的市民們紛紛低頭致敬。當所有市民不約而同低頭表示敬意時，歌德也禮貌地脫帽回應，而貝多芬卻只是漫不經心地繼續散步。歌德感到有些疲憊，便對貝多芬說：「這些善良的市民真讓人疲憊，怎麼這樣一直向我低頭致意。」信步而行的貝多芬不慌不忙地回應道：「歌德先生，我說句老實話，請您別介意、也不要生氣。他們不是在對你打招呼，而是在向我問好。」

歌德認為市民都在向自己致敬，原本沈默不語的貝多芬，則認為他們是在向自己表示敬意。我覺得文學只需要讀歌德，音樂只需要聽貝多芬就足夠了，因為既然有了最好的文學和音樂作品，就沒有理由特意去選擇次等的。除此之外，他們的作品完美無暇，充滿了他們鮮明的個人特色，這點源自於他們強大的自我肯定，總是透過自己的視角來看世界。要創造出新穎又深刻的作品，必須擁有強大的內心力量，以及銳利的洞察力，確保自己不會迷失方向，而這一切都建立在堅强的自我價值感上。

那麼，該如何培養如此强大的自我價值感呢？有一個真實案例可以說明這一點。某個記者曾經訪問一位職業生涯只輸過兩次的傳奇拳擊手：「你遇過最强的選手是誰？」拳擊手的回答令人驚訝：「我只輸過兩次，都是輸給同一個對手。」記者繼續追問為什麼，他回答道：「那個選手無論遇到什麼樣的情況，始終堅持自己的打法。無論對手如何攻擊，他都堅守自己的策略。面對挑釁他也不為所動，因為他有屬於自己的打法。」

○○○

我們在生活中遇到意料之外的情況時，

一再跌倒並失敗的原因

並不在事件本身。

而是因為我們在驚慌失措中忘記了自我，

讓注意力分散到其他地方去了。

自我價值感堅強的人，

無論身處何時何地都不會迷失自我，

始終按照自己的方式把事情做好。

不會因為來自競爭對手的壓力或別人的看法而動搖，

也不會被其他不同的做法所迷惑，

始終在生命中堅持自己的言語和行動，

自信地展現給這個世界看。

幫助你更容易達成目標的語氣

語言和文字之所以重要，不是為了誘惑他人，而是因為透過選擇貼合自身心意的語言，能夠正確地將訊息傳達給對方。因此，那些能夠精準、細膩地運用語言和文字的人，無論在人際關係上或在工作中，往往比那些能力較弱的人更容易獲得成功。比如說，那些不太擅長的人，可能投入了大量的金錢和時間卻依然失敗；而那些擅長運用語言和文字的人，只是靜靜地坐在那邊，透過一封郵件或一則簡訊，就能迅速完成那些別人覺得很棘手的事情。相信你也經常目睹這樣的情況，並且能夠感同身受。在過去三十年裡，我找出了這些人之間共通的七種語氣，並且將其本質總結如下，希望你能夠全部掌握。

第一種是「我可以～嗎？」等徵求同意的語氣。我們每個人在工作上或家庭中，總有需要向對方發出某種請求或提議的時候，此時如果使用尋求同意的語氣，就能更容易得到我們想要的結果。舉例來說，與其說「我要坐這裡」，不如說「如果這個座位沒有人坐的話，我可以坐這裡嗎？」；與其說「幫我拿張紙來」，不如說「可以幫我拿張紙來嗎？」

第二種是「你說的真有道理」等傳遞信任的語氣。「信任」在人際關係中扮演著至關重要的角色，對於信任自己的人，我們總會想要多付出一些。因此，每當對方表達自己的看法時，我們可以用這樣的方式來回應，讓他們感受到我們信任的心意。舉例來說，與其說「或許有人可能會這樣想」，不如說「你的看法真棒」；與其說「這真的是對的嗎？」，不如說「我一直相信你的判斷。」

第三種是「那樣也很好」等正面加上積極的語氣。這裡重要的是反覆的肯定，只要將「也」和「好」的表現放在一個句子裡，就能傳達强烈的正面訊息。舉例來說，與其說「那還不錯」，不如說「那樣也很好！」；與其說「今天的食物比昨天還好一點」，不如說「今天的食物也跟昨天一樣都很棒！」

第四種是歸功於別人的語氣，像是「這都多虧了你」。如果目的是獲得自己想要的東西，就沒有必要炫耀或賣弄自己的影響力。因為這可能會讓對方感到不舒服，甚至降低幫助你的意願。所以這樣說會更好，與其說「你知道我為了你吃了多少苦頭嗎？」不如說「多虧了你，我才能有個好的開始。」；與其說「都是我的努力，才能有這麼好的結果。」不如說「因為有你，才讓我更有動力。」

第五種是「對，沒錯！」等表示共鳴的語氣。人往往會把自己的一切，交給能夠理解自身想法和語言的人。這或許看似不起眼，但其中不爭的事實是，只要在每次對話中聽到這樣的共鳴語氣，人們就會獲得激勵。舉例來說，與其說「嗯，或許是這樣。」不如說「對，真的是這樣。」；與其說「也不一定是那樣。」不如說「對，在那種情況下確實會那樣。」

第六種是賦予價值的語氣。如果想要獲得好的結果，就要時常聽取和理解對方的想法和意見來與對方相處。此時引發對方思考並且賦予其價值的語氣，就能夠發揮作用。不妨參考以下的句型試著改變一下語氣，與其說「那已經有人講過了。」不如說「沒錯，我們正需要這麼棒的想法。」；與其說「你的點子好無聊。」不如說「我覺得只要改變一下思路，就會變得更棒。」

第七種是傳遞好情緒的語氣。無論是在工作、玩樂或其他時刻，愉快的心情都是促進關係最佳的能量來源。當對方在說明某個計畫時，這樣的回應不僅能讓對方心情變好，也能讓你們的關係更親密，工作也會朝向正向發展。舉例來說，與其說

「這行得通嗎？」不如說「光聽就讓我心跳加速！」；與其說「這誰不知道呀？」不如說「聽起來很不錯，要不要一起試試看？」

你覺得怎麼樣呢？雖然僅是稍微改變一些詞彙，但聽起來的感覺和之前完全不一樣了。語言和文字的表現，其實並沒有想像中那麼困難。只要以上述的七個原則對話，不只是人際關係，你的生命經歷也會發生和昨天截然不同的重大改變。從現在起，展開屬於你的歷史新篇章吧。

當自我價值感跌落谷底時，能夠立即鼓舞自己的十五句話

這個世界上沒有絕對糟糕的情況。無論你是正在養育孩子的父母，或是在職場打滾的上班族，關鍵始終在於自身的意志力。「無論情況再怎麼糟糕，只要有意識地往好的方向看，一定能夠找到光明的那一面。」說到底，結果還是取決於意志力，而決定意志力的關鍵就在於自我價值感。因為每當對自我價值有所動搖，意志力就會變得脆弱。在此我要介紹當自我價值跌落谷底時，能夠立即鼓舞自己的十五句話。只要每天讓自己沐浴在這些話語中，你會發現自己一天比一天更好。

其實我這樣也很不錯了，
最後我一定會成功的。

想哭的時候就盡情哭出來吧，
因為哭得出來代表我真的活著。

艱難的時光很快就會過去，
因為我強烈渴望得到那個東西。

讓我們擦亮雙眼，把焦點放在自己的優點上，
人生苦短，專注在美好的事物上都來不及了！

我已經決定好，
要把活出精彩的人生，放在我的第一順位。

不要再顧慮別人的感受了，
如果有話想說，那就直接說出來吧。

沒什麼好著急的，
因為我已經踏上一條很棒的路。

我希望自己能獲得幸福，
我心裡舒服比什麼都重要。

我所付出的時間不會白費，
現在它仍然在為我創造幸福的未來。

我總是能保持
自己的情緒和心情在最佳狀態。

我要先對自己好，
這樣才能保護我愛的人。

我不用等待別人的掌聲，
因為我時時刻刻都在為自己喝采。

沒什麼好擔心的，
我的選擇總是會帶來好的結果。

沒有人比我更認真生活，
所以我只會越來越好。

別人的認可並沒有那麼重要，
我的生命早就強力證明了我自己。

在每個人的內心裡，都有一個長不大的孩子。所以每個人都記得自己最脆弱的時候，無論是小時候從父母那裡受過的傷、生活中積累的各種悲痛和怨恨，還有屈辱感，這些都常存在我們的內心深處。現在不妨對自己發出這樣的命令，如此一來，你內心裡的那個孩子也能平靜地入睡。

「住在我心裡的孩子，
我已經不再討厭自己了，
我是這個世界上最愛我自己的人。」

除此之外，你還要牢牢記住一件事實：
你絕對擁有
被愛的資格。

關鍵始終在於自身的意志力。

無論情況再怎麼糟糕，

只要有意識地往好的方向看，

一定能夠找到光明的那一面。

讓關係更加緊密的
魔法語言「太好了！」

被叫做「老頑固」是任何人都很討厭、想要拒絕的事情。無論自我價值感有多麼堅強，聽到這樣的話也很難承受，因為這代表著非常負面的形象。然而，無論是誰，都有成為「老頑固」的潛在可能性。原因很簡單，當我們一味地炫耀自己取得的成就，卻不願意承認別人的成功時，這樣的心態就會讓我們變成「老頑固」。

每個人都有渴望炫耀自己新學到的知識、資訊或地位、財富的慾望，所以這種情況格外危險。如今各種社群平台上面的內容也印證了這一點，為了炫耀自己在美好的地方享受的美好時光，大家會拍照、修圖後再上傳，又儘可能不讓別人發現自己在炫耀。不過只要看到最後，就會發現到頭來其實還是在炫耀。

我們在日常生活中經常能夠遇到這樣的情況，舉例來說，在很久不見的老朋友聚會時，如果有人自豪地說自己最近買了一輛昂貴華麗的轎車，大家的反應通常會是：「你這個人怎麼這樣，大家都過得這麼辛苦，你竟然在這裡炫耀！」、「炫耀也應該有個限度！」即便換個比較友好的語氣，大概也都跟下列反應相去不遠：「恭喜，恭喜！」、「真好，可以開這麼好的車！」、「我不知道什麼時候才能擁有這麼好的車。」

某天聚會時也是同樣的情況，當所有人都做出這樣的反應時，有個朋友說了一句完全不同的話。那句美好的話語就是：

「哇，真是太好了。」

大家的目光自然而然地都集中在他身上。他接著說下去，並為朋友的成功祝賀。「這個時期大家都過得很不容易，你的努力能有這麼好的結果，真的是太好了。恭喜你，真棒！」

那一刻，所有人看他的目光都發生了變化，最關鍵的是，說自己買了新車的那位朋友眼神也完全不一樣了。他的眼裡充滿了感激、溫暖、希望和友情等各種美好的情感。當其他人都無法好好表達祝賀時，這句「太好了」深深觸動了他的心。因為替對方的成功感到「太好了」的情感並非易事，所以這句話更讓人感動。

如果你想傳達你的真心，或者想讓關係更加緊密，那麼當對方談到自己的成就時，不妨試著在說話時加一句「太好了！」這句話能夠製造與以往截然不同的氛圍。人與人的關係之所以能夠變得緊密，往往就是因為你更清楚地表達了自己的心意。

全力以赴的人，
他們的言語和人生有何不同？

有一天，一位記者問世界最頂尖的男團BTS（防彈少年團）的SUGA說：「你覺得BTS的人氣會永遠持續下去嗎？」這是一個很難回答的問題。因為如果說會永遠持續下去，或許會顯得很自大；相反地如果說總有一天會結束，又可能讓喜愛自己的粉絲感到失望。然而，在這棘手的兩個極端之間，SUGA巧妙地找到了平衡，將自己的想法轉化為優雅的回應：

「我們好像飛得太高了，
看見得太多，視野變得很遼闊。
我本以為雲端之上總是幸福的，
但是往下看的時候偶爾也會感到害怕。
不過我們因為一起翱翔而獲得了勇氣，
雖然害怕墜落，但不畏懼著陸。」

他的回答之所以像一首美麗的詩，就是因為這是只有全力以赴的人，才能表達出來的言語。他們的音樂之所以能夠受到全世界的喜愛，並且持續走在成功的道路上，原因也在於此。正如SUGA所說的，雖然總有一天他們會落到地面，但是因為每個成員都一起盡全力地翱翔，所以相信即使那天來臨時，會是一次平穩的著陸，而不是突如其來的墜落。

在各式各樣的採訪中，都可以找到SUGA如此清晰地表達自身想法的話語。舉例來說，在被記者問到「哪位成員最愛哭？」時，大家紛紛把手指向柾國，而SUGA則看著柾國說：「你可以哭，但是不要自己一個人哭。」他總是能夠迅速找到表達自身心意的美好話語。這股力量是從哪裡來的呢？答案已經呼之欲出。那些「努力」投入某件事情並取得成果的人，往往擁有表達自身心意的卓越能力，這彷彿是努力的歲月所賦予的餽贈。

○○○

努力達成自身目標的人

之所以擁有特殊的語言能力，

正是因為具備這種生活態度。

就如同BTS登上美國告示牌排行榜冠軍一樣，

不管在哪裡都能夠達成目標的人，

往往可以把大家都認為不可能的特別成就

化為可能的現實，甚至變得理所當然。
不管在哪裡都無法達成目標的人，
面對大家都認為不可能的特別成就，
只會覺得做不到而放棄，放任自己流於平凡。

大家都說行得通的事情，
即便成功再多次，
也很難改變世界或自己。
真正有價值的特別成果，
總是來自於那些將大家認為不可能的事情，
透過極大的努力化為可能，
甚至變得理所當然的過程。
BTS成員們的言語和行動之所以會如此耀眼，
正是因為他們在與眾不同的日常中，
完美地實現了極其困難的事情。

被幸運眷顧的人
有不一樣的提問方式

那天外頭下著滂沱大雨，我沒辦法出門，只能用外送APP點餐，但是餐點竟然過了九十分鐘後才送到，比預計時間整整晚六十分鐘。麵已經泡爛，食物也涼透，而且問題還不止於此，或許是在路上出了什麼事，餐點擺放的樣子看起來也亂七八糟的。

「真的、真的非常抱歉。」負責送餐的青年滿臉歉意，頻頻向我道歉。他解釋著，因為自己在雨中摔倒，裝食物的餐盒掉到地上。他表示餐點晚一個小時送達都要怪他，所以不可以就這樣離開，語帶認真地說要把餐點的錢退給我。

然而，在他掏出錢包的那一刻，我清楚地回答道：「不用！這麼大的雨天還叫外送的我也有責任。你沒受太大的傷吧？你展現出的心意讓我非常感動，遠比這頓飯還要溫暖。我已經得到比付出去的錢還多的收穫了，所以這頓飯就算是額外的獎勵吧，我會心懷感激地享用的。」

每個人都會遇到這樣的時刻。
當糟糕的事情一再發生時，
再怎麼美好的心情也會瞬間煙消雲散。
所以我們無論在任何情況下，
都要找到最美好的事物。
因為發現不好的部分
是一件輕而易舉的事情。
即便是初次見面的人，
光看對方的行為，
馬上就能挑出各式問題。

他遲到了，
還把餐盒弄到地上，
害我枯等了九十分鐘，
這些是任誰都看得出來的糟糕事實。
但是反過來說，
要發現美好的事物，
就算是天天見面的人也並非易事，
因為這與天賦無關，而是意志力的問題。

只要問自己以下這三個問題，
就可以隨時喚醒你的意志力。
「這次經歷讓我獲得了什麼？」

「我有什麼新的領悟？」

「哪些想法能讓我保持好心情？」

最糟糕的感受

不是別人給你的，

而是我們自己選擇的。

只要改變提問方式，你的意志也會隨之改變，

往後看到的世界也會與過去有所不同。

以意想不到的方法
養出好口才

「該怎麼做才能培養好口才呢？」
很多對自己的口才感到擔憂的人，
最常做的就是這樣的嘗試：
「拚了命試圖把話說好。」
或許認為這是理所當然的過程，
所以他們會去找私人教練指導，
或者參加培訓班學習各種技巧。
然而這種方式的嘗試與練習，
有很高的機率都會以失敗告終。

為什麼會這樣呢？
唯有正確地意識到問題出在哪裡，
才能得償所願成為一個舌燦蓮花的人。
至於那些想要養成好口才，
進行各種嘗試卻以失敗告終的原因，
只要反過來觀察那些口才好的人

就不難發現，
因為他們根本不會這麼做。

單純用充滿自信的動作或
手勢和態度等外在包裝的辯論家，
終究會遇到瓶頸
這一點非常關鍵。
真正口才好的人都有一個共通點，
那就是內心滿載數不清的素材。
因為他們的內心充實，
所以這些口才好的人，
要遇到不知道該說什麼的情況，反而很難。
由於內心不存在表達障礙的因素，
無論如何刻意控制，都能把話說得很流暢。

看似很簡單，
但這卻是不可不知的真理。
「做不到的人，
要做得好很難；
做得好的人，
要做不到很難。」

沒錯，
要成為一個口才好的人，
真正需要的不是做出各種努力，
也不是花時間練習技巧，
而是要在內心積累美妙的詞彙，
以及生動的生命經驗。
別把這些當作理所當然，
因為有太多人就是因為做不到這一點，
所以永遠沒辦法養成一副好口才。

當生動的生命經驗，
搭配美妙的詞彙，
從口中傾洩而出時，
我們往往會不禁讚嘆：
「哇，這個人口才真好。」
如果想要養出好口才，
千萬別忘了這個直擊核心的法則。

Chapter 4

智慧應對那些惡意回應者的祕訣

贏得所有人尊重該展現的態度

「尊重」的道理其實很簡單，只要我們不對別人說或做那些會讓自己感到不舒服的話語，就能讓自己的生活充滿所有人的尊重。尊重別人是贏得尊重最快速也最有效的方法。然而，這點看似簡單卻難以被實現。

尤其是在網路世界中，「尊重」這個詞彙正在逐漸消失。舉例來說，最近外送文化盛行，有些消費者在下單時態度非常沒禮貌，甚至在備註欄裡寫下一些超乎常理、近乎羞辱式的要求，已然成為一種社會問題。只要簡單掃過他們的留言，就可以看到以下這些例子：

「處理餐點請務必戴上口罩。蘿蔔盡量把袋子塞滿，要裝得整整齊齊的。食物要給我多一點，炸得酥脆一點！」

「摩托車不要發出任何聲音。我家有小狗，所以不要按門鈴或敲門。請小心將餐點放在門前的椅子上，不要弄髒了。拍照後傳簡訊給我。食物絕對不能放到涼了，帶湯匙和叉子給我！」

「等我發薪水後，會連同運費一起轉帳，請先把餐點給我。」
「壽司的飯給我一半就好，生魚片給我多一點。」
「不要放淡菜，麵給我多一點。如果太辣就幫我減一點辣度。」
「麻煩快點送到，如果食物涼了，我會看取餐時間退貨。」
「我的弟弟妹妹肚子餓了，快點送過來，如果不想挨打的話www」

看完這些留言，你的感受如何呢？如果你是收到這種備註的餐廳老闆，會有什麼樣的心情呢？如果因為這些顧客無理的要求而取消訂單，馬上就會接到客訴電話：「為什麼取消訂單！」甚至有人會威脅說：「我要公審你這種不重視顧客的態度。」這樣的生活誰受得了呢？所以我每次在點餐時都會這樣寫，就像是寫給自己聽的一樣。

「你們的食物真的很好吃，人氣一定會越來越旺，客人也會越來越多。我會經常光顧也會幫忙宣傳的。」

「尊敬」和「尊重」是不一樣的。尊敬是把對方放在比自己還高的位置仰望，尊重則是把對方當成自己一樣，以珍惜的心平等對待。我們無法尊敬所有人，但是只要有心，就能尊重每一個人。尊敬是基於對方的權威和地位，而尊重是基於我們看待對方的角度。因此，尊重就像一張隨時能夠使用的票券，只要下定決心，就能帶領我們進入更美好的世界。

只要向對方說一句好話，就等於為彼此開啓一個美好的空間氛圍。僅需簡單的一句話，就能瞬間創造出溫暖的氛圍。不僅讓讀到留言的對方開心，自己的心情也會變得更美好。當這樣的時刻多了，好運自然會降臨在我們身上。因為那些收到我們善意的人，也會從四面八方回應我們的善意。所以，為了我們的幸運與奇蹟，不妨從現在開始嘗試。好事何需拖延呢？

想擁抱「成功」和「成長」的生活，先要了解它們的本質

當我們瀏覽各種社群平台時，很容易陷入一種錯覺，認為其他人都過著光鮮亮麗的生活。這種錯覺有時會讓人感到自責沮喪：「為什麼只有我過得這麼糟？」、「我也可以像他那樣嗎？」、「為什麼大家都這麼成功，只有我還在原地踏步呢？」、「我到底要到什麼時候才能成功？」有這些煩惱的人通常都有一個共通點，就是他們會追逐成功，並且試圖用力量來掌控它，這正是問題的所在。唯有了解這一點，才能領悟成功和成長的本質，並且學會如何運用它們。

首先，我們必須放下那些自責的想法，因為根本沒有必要為此沮喪或煩惱。只要牢牢記住一句話，我們就能夠接近成功和成長的本質。

「現在炫耀自己的人，
其實是在證明自己沒什麼值得炫耀的事物；

特意強調自己走在前面的人，

其實是在證明他們根本不相信自己走的路。」

成功、成長和幸運這些大家都渴望擁有的美好事物，是無法靠追逐來獲得的。畢竟人類的速度太慢，甚至連他們的影子都抓不住，真正的關鍵在於其它地方。換句話說，成功和成長不是去追逐得來的，而是應該讓它們自己來找我們，然後在它們靠近時把握住。試想一下，是追逐那些速度比自己還快的事物更有效率，還是反過來讓它們主動追著自己跑呢？如果你選擇後者，那麼即使我們往反方向跑，最終還是能夠抓住它們。簡單來說，就是成為一個無論身處何地、做什麼事情，都會成功的人。

○○○

透過不斷的嘗試與努力，

我們可以讓成功與成長主動靠近自己，

我們所要做的就是敞開心胸，

讓它們有機會進來。

那些了解成功和成長本質的人，

從來不會誇耀或宣揚

自己有多麼厲害，
因為他們本身就已經散發著光芒。

閃閃發亮的太陽會說：
「我是閃閃發亮的存在」嗎？
真正閃閃發亮的人總是沈默的。
因為無論他們多麼安靜，
光芒都不會從他們身上消失。

世界上一切美好的事物，
都是讓它們自動來到
我們身邊的。
而不是藉由說服或解釋
乞求而來的。
不需要讓自己跑得更快，
而是要讓自己活得更有深度。

只要向對方說一句好話，

就等於為彼此開啟一個美好的空間氛圍。

在好人的身邊
就會遇到更好的人

「適合我的人
到底在哪裡呢？」
你其實不需要
到處尋找
那個完美適合自己的好人。

反過來想一想，
有些人總是一次又一次地
遇見那些性格與態度惡劣、
像炸彈一樣摧毀
他們內心的人。
這到底是為什麼呢？

因為人際關係的法則是這樣的，
請記住以下這四行話：
「在壞人堆裡，

要找到好人的機率微乎其微。
壞人的身邊有更壞的人，
而好人身邊始終有更好的人。」

生命並不像巧克力那般，
我們必須從幻想中脫離出來。
你所渴望邂逅的好人，
並不像餅乾裡的巧克力豆一樣
均勻分布。
所以會踩到地雷的人，
這輩子都會不斷踩到地雷、陷入相同困境。

如果想要遇見好人，
我們就需要找到那些好人聚集的地方。
正如同壞事都會連結在一起般，
好事也會凝聚在一起，
好人的身邊總是圍繞著更好的人。

擺脫酸言酸語，在社群平台上打造健康生活的方法

只要有在網路上活動，任何人都難免會遇到酸言酸語。由於很難跟別人傾訴這些不愉快，所以很多時候我們都只能默默承受。我想整理一些簡單的處理方式，讓大家能夠擺脫這些酸言酸語、迎向自由。酸民的留言大概都長得差不多，舉例來說，如果我以「改變日常生活的時間管理法」為主題演講，很多酸民就會開始提出以下的質疑：

第一：「你說的這些是沒錯，不過……」他們會假裝自己是一個尊重他人意見的理性人士，開頭先講一些言不由衷的場面話。只要用「不過」、「但是」開場的人，有很高的機率都只是戴著好人的面具，充滿惡意的酸民，所以為了自己的心理健康，不需要花太多心思在他們身上，最好直接忽略。如果你仍然有一顆善良的心，對人類抱持信任，就請繼續看下去吧。

第二：「你的內容是不是太侷限在時間管理上了？」他們會開始偏離主題，提出毫無邏輯的個人批評。既然演講主題是

「時間管理法」，為什麼還說內容太侷限在時間管理上？這是叫我離題的意思嗎？如果對方是善意的，就會稱讚我的演講內容架構很好，但是這些人會從雞蛋裡挑骨頭，把所有優點都說成缺點。這是他們的共通點，即使是大家公認的優點，也會被他們批評得體無完膚，因為這是騷擾對方最簡單的攻擊公式。

第三：「世界是多元的。」這是最糟糕的批評之一。當然這句話本身並沒有錯，但是要在每一次的對話或文章中，完美涵蓋這一點是不可能的。因為「為什麼你不願意接納多樣性呢？」這些酸言酸語，也沒有接納包含我論點的多樣性。如果按照這個邏輯，什麼都不能說，什麼都不能寫，因為一切都可以被反駁，淪為遭到批評的對象。「不是每個人都這樣。」、「請考慮到多樣性。」像這樣的話語，往往是酸民想要無腦批評別人最具代表性的表現，請毋需理會。

第四，這些酸言酸語通常都很冗長，甚至寫得比原文還長。為什麼會這樣呢？原因很簡單，因為他們心虛。雖然我不喜歡用這種表達方式，但是當他們被文章或演講中的某句話切中要害，感到非常痛苦時，為了掩飾自己痛苦的情感，寫出來的文字就會變得很冗長。即使心裡很難受，但是為了裝酷，顯示自己不在意，他們會拚命添加一些無關緊要的話，只會讓文章變得越來越長。

第五，按「讚」數很多。酸言酸語之所以氣人，是因為有很多人會幫這些惡評留言按「讚」。這往往會讓人感到更加難受，因為會導致我們開始思考：「是不是我做錯了什麼？」但是這種現象出現的原因也很簡單，那些平常抱持負面情感，卻沒有勇氣自己當酸民留言的人，往往會迅速聚集起來按讚。我個人認為，這些按讚的人，比那些酸言酸語的人還要糟糕。因此，為了你的心理健康，我希望你可以把他們視為與酸民同樣的存在。

總而言之，從尷尬的肯定開場到缺乏邏輯的推論，最後再批評不符合多元性，一長串冗長的酸言酸語，最好打從一開始就不要理會。因為這些人只會惡意批評，批評是一種與創造完全無緣的低層次表現。我寫這篇文章的目的，就是希望你能遠離這些無益的消耗，把更多時間投入到富有創造力的工作與生命中。

中樂透的人
最常會收到的請求

有一天，我看到一位中年女性的採訪，她這一輩子都過得很貧困，直到突然中了樂透才成為有錢人。記者問了一個大家都很好奇的問題：「最近身邊是不是常常有人想跟您借錢呢？」你認為這位中年女性會怎麼回答？不妨試著猜猜看。無論你想的是什麼，她的回答完全出乎你的意料。她的回答是：「沒有，正好相反，大家反倒都想送我各種東西。」

你覺得如何？她的回答完全讓人意想不到吧！實際上，現在她經常收到身邊的人送她各種家電和生活用品，這些都是她以前貧困時非常需要的東西。看到這種情況，不禁讓人產生疑惑：「為什麼要送這些東西給手握鉅款的她呢？」、「為什麼她在有困難的時候沒人幫忙，反而在變得富有後才有人送東西呢？」其實這種令人困惑的現象，恰巧準確地反映出我們的潛在心理。

為什麼這位中年女性現在收到了她其實不再需要的東西，而在她真正需要的時候卻沒有人願意送她呢？答案很簡單，因為她現在是有錢人，所以大家會對她有所期待。在貧困的時候，無論送她什麼，都無法從她身上獲得任何回報。換句話說，金錢也好、地位也好、名譽也好，沒有任何值得期待的回報。但如今她的情況好轉，大家認為多少可以從她那裡得到一些回報，所以才會這麼熱衷於送禮物給她。

這個驚人的結果，清楚顯示我們在人際關係中應該採取什麼樣的態度。等到一個人成功後，再來給予讚美和示好，是這個世界上最簡單的事情，幾乎不需要付出任何努力。然而，用這種方式來建立關係，往往很難有好的結果。因為這些話語和行動的目的性太強，對方也不會真的需要這樣的關係。

然而，當一個人還處於貧困狀態，在谷底徘徊打轉，雖然努力奮鬥但運氣不佳的時候，如果有人能夠默默靠近，握著對方的手給予鼓勵和支持，才真的是難能可貴。因此，如果要建立良好的人際關係，我們必須記住以下三個重要的事實：

第一點，人類的天性是「自己收到的東西忘得很快，自己給予的東西卻記得很久。」反過來說，如果我們可以記住在困難時幫助過自己的人，就能夠建立並維持更加美好的關係。

第二點，真正的關鍵在於保持謙卑的心態，並且不忘初心。在進展順利的時候不要自滿，應該溫暖地向那些曾跟你一樣失去希望、在谷底掙扎的人，伸出援手。

第三點，每個人的思考方式都不一樣，即使是看待同一件事情，產生的想法也各有不同。同樣地，如果沒有親身經歷過，我們往往很難以同理心去理解或接受。唯有記住這一點，才不會在人際關係中受挫。

只有成為有錢人，才能真正明白有錢人的生活樣貌。正如同那位中年女性的生活一樣，當我們擁有某些東西以後，想法與心態都會有所變化，其他人看待我們的方式也會隨之改變。儘管人際關係難以捉摸，但我相信只要將前面所述的三個事實內化，就能夠維持平衡，建立起穩固又持久的關係。

遠離那些
自稱很有耐心的人

這個世界上最危險的人是誰呢？
就是那些一天到晚把這種話掛在嘴邊的人：
「我是個很有耐心的人！」
原因很簡單，
他們其實根本不是有耐心的人，
反而是極度敏感、容易受到刺激的人。

所謂的有耐心究竟意味著什麼呢？
這表示他們有很多需要忍耐的事情。
這一點是足以改變你人際關係的驚人關鍵。
那些自稱很有耐心的人，
如果用一段話來形容就是：
「其他人可以輕鬆一笑置之的事情，
他們會一件一件放在心裡感到不舒服，
認為這些都是需要忍耐的事情。」

對於沒有大聲跟他們打招呼的人、
到餐桌上出現他們不喜歡的菜色，
這一切在他們眼裡，都成了必須忍耐發火的來源。
生活中有很多事情需要忍耐，
這正是他們在很多地方
經常對各種（？）事物充滿憤怒的證據。
你大概也常在日常生活中遇過
這種不可理喻的人。

事實上他們幾乎無法忍受任何事情，
所以每天都會從鄰居、親戚等身邊所有的人，
找到一件件令他們生氣的事情，
然後再自吹自擂，
說自己正在忍耐很多事情。

「我是個很有耐心的人！」
結果是經常說出這種話的人，
往往並非具有同理心或心思細膩，
單純只是因為脾氣暴躁和過度敏感，
所以最好還是遠離這樣的人。
他們所謂的耐心其實支撐不了多久，
就會演變成抱怨和指責。

「我已經盡力在忍了，但是，
我再也忍不下去了！」
「我本來不想說這種話的，但是，
除了我以外也沒有這麼能忍的人了！」

如果生活中沒有什麼好忍耐的，
反而象徵著能夠理解各種事物。
這樣的人心思細膩，也更懂得體諒。
所以我們應該遠離那些自稱很有耐心的人，
讓那些生活沒有什麼需要忍耐的人留在我們身邊。
如此一來，原本辛苦的人生瞬間就會輕鬆起來。
任何關係只要像這樣審視其本質，就會浮現出答案。
不是看他們說什麼，而是觀察他們的日常生活與態度，
就能發現他們隱藏其中的真正心思。

任何關係只要像這樣審視其本質，
就會浮現出答案。
不是看他們說什麼，
而是觀察他們的日常生活與態度，
就能發現他們隱藏其中的真正心思。

良好的關係
能夠創造「1＋1＝3」的效果

在剛開始建立人際關係時，我們常常會遇到帶有這類煩惱的人：「我該如何拓展我的人脈呢？」事實上，在這種思考框架中與各式各樣的人交流，起初確實可以累積許多寶貴的經驗。但在經過一段時間後，我們才會領悟到一個關鍵，那就是：人際關係的終點並非「拓展」，而在於「縮減」。

那麼，該如何學會縮減人際關係的技巧呢？這通常要花上三十年才能領悟，但你如果想節省這三十年寶貴的時間，首先只要記住這一點：「良好的關係不是數學。」不僅僅是一加一等於二，而是要達到三甚至更多，才能稱作良好的關係。簡而言之，就如同以下所示：

首先，如果是「1＋1＝1」的關係，那麼我們最好遠離。如果一加一的結果連二都不到，這就是一個負數的關係，根本沒有維持的必要。這類的關係往往並非彼此扶持，而是相互奪取和猜忌，最好早點脫離出來。同時，我們也要小心那些可能會欺負或利用你的人，這些人往往很難有所改變。

接下來，「1＋1＝2」這種與數學精準一致的關係，就像是一種商業對等上的關係。儘管口頭上談論情感，但是核心還是在於算計，彼此交換利益，雙方都不吃虧。這種關係雖然不壞，但是很難期待更多，不太會有心靈上的分享。在這種關係中，最好不要期待有商業以外的交流，否則最終只會失望。

最後是「1＋1＝3甚至更多」這種關係能夠帶來驚喜和美妙的結果。這裡所謂的結果不僅只是金錢或成就，也包含精神層面。換句話說，良好的關係可以帶來心靈的安定、喜悅、幸福和夢想，明明只是一加一，卻能夠展現出大於三的價值。

關鍵就在於改變思考框架，聚焦於第三種關係，從試圖拓展人脈，到反過來努力縮減人際關係。如此一來，我們就能夠在關係中獲得更大的幸福感，生活也會變得更為充實。因為只要投資一點時間和努力，任何人都可以拓展人脈，但是縮減人際關係卻是一門需要「巧妙」控制的藝術，唯有具備屬於自己明確的原則才能達成。

培養識人能力的思維模式

「我這麼信任你，真是讓我失望！」
「你怎麼能這樣對我！」
如果你經常在生活中
遭遇這樣的失望和痛苦，
就需要培養識人的能力。

即使在同樣的情境下，
不同的人對某人的言行也會有不一樣的反應。
「他這麼做一定有他的苦衷。」
「每個人偶爾都會犯錯嘛！」
這麼說的人通常是想要支持對方，
成為站在他那一邊的擁護者。
無論對方做了什麼，
他們總是無條件包容和保護他。

然而在相同的情境下，
也有人會出面指責，甚至瞧不起這個人。
「在那種場合下不應該這麼做吧！」
「犯錯也是能力不足的一種體現，他在各方面都有很有問題！」
同樣地，這些人無論對方做了什麼好事，
也會在雞蛋裡挑骨頭提出批評。

我們可以透過每個人在相同情境下
不盡相同的言論和想法，
來看出他們是如何看待這個世界，
以及他們依循著什麼樣的標準在生活。
關鍵不在於他們當下說了什麼，
而是要觀察他們話語背後的真意。

如果不想再受人欺騙，
那就一定要培養識人的能力。
只要以這樣的思維為中心
就不會出錯。

「一個人當前的想法和話語，
真實反映了他們看待世界的態度。」

最該珍惜的人常說的三句話

成功的人往往會收到來自四面八方的聯絡，從老家的鄰居朋友，到記憶中早已模糊的軍中同袍，各種意料之外的聯絡總是不期而至。

每個人都一樣。當你在低谷中掙扎時，沒有人會伸出援手拉你一把；但當你沐浴在鎂光燈下光芒四射時，各種邀約和聯絡卻接踵而來，此時建立的關係通常很難維持太久。原因很簡單，在你褪去成功的光環後，他們絕大多數的人就會如風般地飄然離去。無論這個世界如何變化，有一句話始終是真理：

「像風一樣來到我們身邊的人，
終究也會像風一樣離開我們。」

我們真正應該珍惜的人，是那些當我們在谷底蜷縮發抖時，還能時不時主動關心我們、保持聯絡的人。

「你過得好嗎？
跟你聯絡只是想知道你的近況，
希望你一切順利。」

因此，我們一定要珍惜會說出這三句世界上最溫暖、最真摯話語的人。因為無論你是在谷底孤獨掙扎，還是在舞台中央沐浴在無數的鎂光燈下，他們始終愛你如初。

當有人能夠一直以同樣的心意對待我們，這個世界上沒有比這更幸福的事情了。千萬不要放開這樣的人，因為那無異於拋棄自己的生命。

遇見真正好人的方法

「讓我們相信彼此，攜手走到最後吧！」
如果有人這樣對你說，
最好打從一開始就不要相信他。
因為人通常會把自己不具備的價值
擺在外面招搖撞騙。
只要稍微提升對於人性的理解，
自然就會明白這個道理。

「我們要創造一個正義的世界！」
如此宣稱的人，生命中往往缺乏正義；
「我們要追求一個公平的世界！」
這樣高喊的人生命中，往往充滿了不公平。
他們只是利用自己不具備的事物，
來獲取某些東西罷了。

要想遇見正義的人，
就要去認識那些不會以正義為口號的人。
因為他們已經擁有了正義，
所以並不需要到處宣揚。
真正的有錢人不會說自己是有錢人，
只會過著自己的生活。
他們何需浪費寶貴的精力，
去特意談論那些已經擁有的東西呢？

無論你想從對方那裡得到什麼，
重點是觀察他們的生活，而非他們說出來的話。
他們熱衷於談論的事物，
通常是他們所欠缺的；
而那些自然而然的表現，
才是他們當下真正擁有的樣貌。

如何明智地對應
沒有禮貌的人

當我們看到有人面對無禮的言詞，
卻能輕鬆應對的時候，
我們往往會這樣說：
「你的社交手腕真好。」
「你的應對很得體。」

但是為什麼遇到這種情況時會把
「社交手腕」和「應對得體」聯想在一起呢？
在遇到這種情況時，
我們需要對自己提出這樣的問題：
「長時間把心中的那股怒火壓抑下來，
這真是我們所謂好的社交手腕嗎？」

如果我們一直忍氣吞聲，
那麼這股怒火會去哪裡呢？
沒錯，這些怒火絕對

不會跑到別的地方，
都會原封不動地堆積在我們心裡。
最後它們會化為毒藥與刀刃，
徹底摧毀我們的自我價值，
讓我們的內心變得支離破碎。

為了讓自己看起來像個好人，
或假裝自己社交手腕很好，
我們或許每天都在往自己心裡注入毒藥。
當然偶爾也有需要忍耐的時候，
但是在對方明顯沒有禮貌的情況下，
根本沒有必要忍耐。
因為無論你再怎麼遷就沒有禮貌的人，
終究都會出問題。

人是不會輕易改變的，
沒有禮貌的人更是如此。
當你遇到難以忍受的無禮之人時，
不要勉强自己去忍耐，
只要這樣禮貌地回應就可以：
「我覺得你剛才講的話有點沒有禮貌，
要不要試著說些你自己聽了
也覺得舒服的好話呢？

這樣你的心情也會比較好。」

讓對方了解有禮貌的話語所擁有的價值，
如此一來他或許就會反省自己沒有禮貌的行為，
以後也不會再對你沒有禮貌。
不過也有些人即使面對這樣的回應，
還是依然故我惹人討厭。
此時你可以無視他，轉念這樣想：
「好吧，畢竟不是每個人
都懂得高雅、具品格的語言，
你還是去找水準層次和你差不多的人吧。」

遇到沒有禮貌的人，
最糟糕的不是事件本身，
而是會讓自己的心情變差，
所以我們一定要謹記，
我的心情應該由我來守護，
因為沒有人能夠替我守護，
不要覺得忍一忍就過了，
逼自己忍氣吞聲。
「如果打壞了心情，
那麼一切也就失去意義了。」

無論你想從對方那裡得到什麼，

重點是觀察他們的生活，而非他們說出來的話。

減肥會失敗的人，
人際關係也處理不好的原因

很多人一輩子都在減肥，因為所有的嘗試最終都以失敗告終。他們拚命運動，有時候也會盡力控制飲食，但是這些努力最終失敗的原因，其實都可以總結在以下六行文字裡：

「常常誤以為自己運動消耗的熱量，
是實際的兩倍；
又誤以為自己攝取的食物，
只有實際的一半。
如此一來現實與想像之間的差距就被放大了四倍，
造成想減肥，卻越減越肥。」

人際關係也是一樣的道理。與人相處的過程就像在減肥，我們在各種關係中感到失望，產生各種誤會，甚至憤怒的原因，也可以濃縮在以下的六行文字裡：

「常常誤以為自己向對方付出的心意，
是實際的兩倍；
又誤以為己從對方那裡得到的心意，
只有實際的一半。
如此一來現實與想像之間的差距被放大了四倍，
造成人際關係越經營、越糟糕。」

那麼，要如何才能在減肥和人際關係中取得成功呢？其實方法很簡單，只要把思維和行動顛倒過來就可以了。如果用減肥來比喻可以這樣說：

「認定自己消耗的，
比實際要少；
又認定自己吸收的，
比實際要多。
如此一來再怎麼艱難的減肥也能輕鬆達成，
再怎麼錯綜複雜的人際關係，也能夠迎刃而解。」

Chapter 5

你看待世界的觀點，決定現在的你

閉上眼睛，才能看得更清楚

你對這個標題有什麼想法？為了看得更清楚，反而把眼睛閉上，這真的有意義嗎？此處包含著一個不容易猜到的特殊意涵，那就是關於「洞察力」的本質。

你曾經對某人感到失望嗎？很多人大概都會回答是。那麼為什麼會這樣呢？就是因為我們對於別人的期待超出合理的範圍。如果不對別人抱有期待，就不會有失望和傷害，雖然我們不可能對所有人都不抱期待，但是仍然需要有能力分辨，誰是值得和不值得我們期待的人。僅憑這一點，我們就能夠節省很多時間和精力。

「你了解的有多少，能看到的就有多少。」

這是無論何時何地都適用的一條基本原則。音樂家趙成珍在面對「你希望古典音樂更加普及化嗎？」這個問題時，非常認真地給出了否定的回應。理由很簡單，因為如果古典音樂普及化了，那就不再是古典音樂了。這點不無道理，如果古典音樂為了迎合大眾口味而普及化，那它就會變成另一種完全不同的東西，很難再被稱為古典音樂。

古典音樂和古典文學難以普及化的原因是相同的。同樣地，古典音樂和古典文學之所以無聊、無趣的理由，也是因為我們對它們不夠了解。因為不了解，所以無法從中有所發現；因為無法有所發現，所以覺得無聊。既然如此，我們應該重新分析這句話，不，我建議你要長時間在心裡反覆思索，因為它真的是很寶貴的一句話。

「你了解的有多少，能看到的就有多少；你看到的有多少，能了解的就有多少。」

現在，你了解的或許不多，所以看到的也還不多，但是仍然存在希望，那就是「你了解的有多少，能看到的就有多少」。「你了解的有多少，能看到的就有多少」是大師的見解，而「你看到的有多少，能了解的就有多少」則是初學者的體會。因此我們必須有所區分，時刻保持樂於學習的心態。因為要是你從一開始就抓著大師的見解不放，嚷嚷著自己什麼都不了解，所以什麼都看不到，那麼你永遠連開始都做不到。

如果你是個初學者，就應該相信「你看到的有多少，能了解的就有多少」這句話的力量。如果你現在了解的很少，幾乎什麼都看不到，就應該比其他人看得更頻繁、花更多時間去觀察。只要持續地注視，終究會看到一些事物，而這些事物將會為你的人生帶來美好的改變。畢竟你的現在，是由至今看到的一切總和所構成的。

與其遲到一分鐘，不如提早一小時到達

如果你必須選擇，在商務會議或與朋友的聚會上，遲到一分鐘和提早一個小時到達，你會怎麼選呢？這個問題聽起來有點尷尬，你可能不喜歡遲到一分鐘，但是要提早一小時到達，或許又會讓你覺得是在浪費時間。

那麼，那些忙碌並珍惜時間的人會如何選擇呢？出乎意料的是，想最有效利用時間的人，大都選擇提早一小時到達。他們如此看重時間，為什麼會選擇浪費整整一個小時，而不是遲到一分鐘呢？

因為他們有一顆在乎他人時間的心，寧願多花自己一個小時的時間，也不願意遲到一分鐘。這裡隱含著許多祕密，可以歸納成以下三點來說明：

第一點，選擇提前一小時到達的人，其實很少需要面對這種情況。因為他們非常重視時間，所以幾乎從不遲到。由於他

們重視每一分鐘，因此選擇提前一個小時到達，而不是遲到一分鐘。

第二點，反過來看那些選擇遲到一分鐘的人，似乎是在節省時間。但是實際上並非如此。他們不了解時間的價值，因此總是遲到一分鐘或五分鐘，這種人在我們身邊隨處可見。

第三點，也是最重要的一點是，那些遲到一分鐘的人即使遲到了，也不明白自己為什麼應該向對方道歉。他們理直氣壯地認為「不就是一分鐘嗎？」，反而指責對方為這一分鐘生氣的行為和想法。

時間始終是相對的，但本質是一樣的。時間對每個人來說都很珍貴，而珍惜自己時間的人，也懂得珍惜別人的時間。簡單來說，你應該擁有充實的人生，讓別人看到時不由得讚嘆：「我願意付錢買下這樣的生活。」

每天都用超越金錢價值的珍貴心態來過生活，你就會漸漸有所領悟，了解到自己的人生需要什麼，應該追求什麼樣的事物。不妨放下用錢買時間的思維，珍惜地過著用再多錢也買不來的日子。我們一定要記住：「與其遲到一分鐘，不如提早一個小時到達。」

在下午一點享用午餐所產生的變化

變化與創新始於在上午十一點或下午一點享用午餐。原因在於如果你跟大家一樣都在中午十二點吃飯，就只能在人潮最為擁擠的時候用餐，往往不容易產生自由和從容的感受。此時吃飯的行為通常會變得非常機械化，很難期待有任何變化與創新。

然而，如果你鼓起勇氣把午餐時間改成十一點或一點，就可能產生各種變化與創新。我之所以稱之為「勇氣」，是因為這的確需要一定的勇氣。無論何時何地，做出與周圍不同選擇的人往往會受到批評和指責。「搞什麼呀？怎麼就你特立獨行？」、「大家都在這個時候吃飯，你怎麼不跟著吃？」、「你真的很麻煩，為什麼要故意唱反調？」

正因為如此，變化與創新往往發生在那些敢於忍受孤獨的人身上，因為你需要在所有人離開後的地方獨處。如果你不能忍受這種孤獨，跟著所有人在十二點一起用餐，就沒辦法享受屬於自己的時間。相反地，只要忍受一段時間的孤獨，很快就會有令人驚喜的事情發生，那就是出現另一個懂得享受上午十一點或下午一點的自由的人。

當下的孤獨其實反而是一個愉快的訊號，因為它代表符合你水準的人即將到來。換句話說，如果你選擇了更高的層次，名為「孤獨」的客人就會先來訪，但只要撐過這段過程，同樣屬於那個層次的人就會來到你的身邊，宛如天賜的禮物一般。

有些人可能會說：「我們公司沒有這種選擇。」所以我才說需要鼓起勇氣，而這也是一個「機會」。只要你鼓起勇氣，就能找到許多方法為自己創造這樣的未來，透過這個過程給予自己機會，找到全新的生活方式，可以在自己喜歡的時間享用午餐的職場型態或工作。

如上所述，變化與創新是為你準備的機會，只要鼓起勇氣就能把握住。創造之神今天也會站在你耳邊低語：「機會我會給你，你只需要鼓起勇氣。」

朴載範不買高檔名車的理由

韓國饒舌歌手朴載範對於世界的看法非常獨特，很多人在年輕時一舉成名後，沉浸在富足的環境下，會容易亂花錢或滿足於現狀，但他的心態卻截然不同，令人驚訝。

> 「很多年輕人會滿足於小小的成就，忽然購買以前買不起的昂貴商品來炫耀一番。然而我們要記住，好運和優勢不會永遠持續下去。」

除此之外，他認為在應該全力以赴達成目標的關鍵時期，一定要擺脫每天出去喝酒，或僅僅為了片刻歡愉而浪費金錢的生活。他還强調：「車子隨時都可以買，出去喝酒隨時都可以去，但是在這個備受關注的氛圍中，在這個世界賦予我好運的時期，彷彿都在對我吶喊『就是現在！』。」這番建議充滿激勵，意思是我們應該儘可能抓住這個時機，把所有的天賦和努力奉獻給當下的氣勢。

事實上，他的確用行動證明了這一點。二〇一九年，他宣布計畫創立自己的燒酒品牌，可當時大部分的人並沒有認真當一回事，只引來質疑的聲浪：「有這麼簡單嗎？真的這麼簡單的話早就有人做了。」然而，他傾注所有的熱情，終於在二〇二二年二月二十五日，以快閃店形式正式推出「WONSOJU」這個品牌，並透過「GS25」和「GS THE FRESH」等連鎖超商、超市等通路進行銷售，剛上市就售罄，還有人專程跑去搶貨。這使得「WONSOJU」紅極一時，就像深受小朋友喜愛的寶可夢麵包一樣，甚至有人說「WONSOJU是大人的寶可夢麵包」。

一年後、時間來到二〇二三年，WONSOJU怎麼樣了呢？朴載範打破很多品牌只有剛起步短暫爆紅的侷限，成為韓國國內酒類市場的「遊戲規則改變者」，這點至關重要。因為這個品牌已經不只是單純享受喝酒樂趣的商品，而是已成為一種可以共享歡樂的新文化。換句話說，他改變自己的命運，從酒的消費者轉變成了創造者。他在Won Spirits株式會社農業公司法人代表理事的職位上，展望著向更高目標邁進的雄心。

當然，享受青春的生活很重要，但是意識到何時、應該為何種事物，竭盡全力奮鬥也同樣重要。這也是為什麼著作等身、已故文學評論家李御寧老師，直到離世前最後一刻都對年輕人這麼說：「青春會衰老，年老終將死去。」

應該比其他人看得更頻繁、觀察更久。

只要持續地注視，終究會看到一些事物，

而這些事物，將會為你的人生帶來美好的改變。

偉人的言語深奧難解的原因

「人生苦短，短到沒有時間去喝不好喝的葡萄酒。」

這是歌德的一句名言。這句話在我開始品飲葡萄酒以前就知道了，但是真正產生共鳴卻需要很長的時間。因為儘管腦袋理解了，但是卻沒辦法在生活中實踐。畢竟如果不能實踐，那就和不懂沒有什麼分別，所以當時我還不算了解這句話，只是還在理解的路途上。為什麼理解一句簡單的話語，需要耗費這麼長的時間呢？主要有以下三個原因：

第一，品飲葡萄酒需要一定的經濟條件。對於那些還在掙扎於眼前溫飽的人來說，高檔的葡萄酒簡直就是一種遙不可及的存在。

第二，品飲葡萄酒需要可以覺察細微差異的敏銳感官，以及能夠鑑賞其價值的眼光。這不是有錢就辦得到的事情，唯有知識與感官共同發展，才足以達到這樣的水準。

第三，即使擁有這樣的條件，也要懂得保持低調，不炫耀自身條件的智慧修養。如果智慧水準沒有達到這個層次，就無法判斷什麼是有價值的事物。

這些正是為什麼我們腦袋雖明白偉人的言語，卻無法付諸實踐的原因。在我們的生命與精神尚未達到那個高度前，往往很難將他們的話語內化到自己的心裡。因此，不能只是閱讀和背誦這些話語，還必須審視他們的生命歷程，並且努力達到那樣的高度。

○○○

只要生命走在正確的道路上，

智慧的言談表達自然會隨之而來。

四十歲以後運氣越來越好的人共通的特徵

在生活中，有些人總會讓我們覺得：「這個人的運氣怎麼這麼好？」到了四十歲以後，這種事情變得更加常見。這些人有幾個共通的特徵，如果想要有同樣的好運，不妨在日常生活中不斷問自己以下五個問題，簡單來說大致如下：

第一個問題是「我為什麼要選這個？」在進行抉擇時，比起預估其報酬率或成長價值，他們更傾向於從心裡找到「選擇這個的理由為何？」的明確答案。因為他們知道，只要有能力說明選擇的理由，成果自然會隨之而來。

第二個問題是「痛苦為什麼會找上我？」他們很清楚，如果想要長期取得好的成果，必須在短時間正視自己最不堪的那一面。因此，他們微笑著度過自己人生中偶爾出現的痛苦時刻，他們深知，這些偶爾找上門的痛苦，正是好結果即將到來的預兆。

第三個問題是「我何時該展開行動？」他們雖然樂於挑戰，但不會急於求成。他們看起來之所以運氣好，是因為他們會在成功機會最大的時間點展開行動。如果對於某件事情感興趣，他們會先進行長時間的觀察，因為深知觀察是投資與行動的起點，這對於他們而言非常重要。

第四個問題是「我要等到什麼時候」。生命中所有蘊含寶貴價值的事物，都來自於那些急性子的人們身上掉出來的。從愛、希望，再到金錢、智慧，如果太想要快速獲得，最後反而可能一無所有。所以看起來運氣好的人，通常他們懂得等待。因為他們相信，只要稍微有點耐心，那些急於求成者想緊抓的東西，終究會來到自己手中。

第五個問題是「我有沒有傾聽內心的聲音？」雖然周圍也會有很好的建議，但是大部分的建議對我們其實幫助不大。原因很簡單，因為沒有人比我們更了解自己。我們真正需要的建議，就藏在自己心裡。我們需要做的只是靜下心來傾聽內心的聲音，越是經常傾聽內心的人，就越容易獲得好運。

有些人認為，好運是宛如奇蹟般降臨的，但是那些四十歲以後運氣越來越好的人，則抱持不同的看法，他們認為好運是「自己努力爭取來的結果」。所以我們不妨在日常生活中，不斷問自己上述的這五個問題。如此一來，無論你在哪裡、做什麼事，都能夠創造幸運的人生，因為運氣屬於那些經常召喚它的人。

將劉在錫打造成國民主持人的三步驟對話練習法

在一個素人分享生活故事的節目中，一位來賓回憶起自己的奶奶，說道：「我家奶奶真的很愛打花牌，甚至為了打花牌穿越了滿洲平原。」雖然「滿洲平原」這個地點聽起來很有趣，但當講到這裡，當下的節目氛圍還一如往常。然而，擔任主持人的劉在錫在認真聆聽後，忽然大喊道：「等一下！」接著複述了一遍來賓剛才說的話：「你說她為了打花牌，穿越了滿洲平原嗎？」結果現場觀眾立刻大笑了起來。

雖然是同一句話，但經由劉在錫重複一遍以後，觀眾可以更生動地想像老奶奶為了打花牌，穿越滿洲平原的畫面。他接著又補了一句，進一步刺激觀眾的想像：「滿洲平原在歷史上發生了很多事情，但是為了打花牌而不是去打仗，還真是第一次聽到，這種感覺還真是波瀾壯闊啊！」

語言不僅僅是傳遞文字而已，如果你能像劉在錫一樣，讓觀眾的腦海中浮現出生動的畫面，就可以宛如電影播放般，進行多層次地表達。當然，這種能力不是劉在錫天生的。大家都知道，他曾經有很長一段時間沒沒無聞，看到同輩紛紛在電視上大放異彩，他意識到自己不能再浪費時間，於是決心開始練習說話。他的方法是將當下流行的眾多綜藝節目，全部錄下來回看。這聽起來似乎沒有什麼特別之處，但是關鍵就在這裡。

第一步，他會回看這些錄製好的節目。第二步，在每個出現反應的場景，他會按下暫停鍵。第三步，他會問自己：「如果是我的話，我會怎麼反應呢？」、「要怎麼說才能讓別人笑出來呢？」、「要怎麼表達，才能讓觀眾的腦海中浮現出畫面呢？」

因為當時的他沒有工作，所以只能獨自坐在房間，整天進行這樣的練習。現在我們看到的劉在錫，就是他當時一點一滴努力的結果。如果你在人際關係的溝通中遇到困難，或是想用言語好好表達自己，不妨試試劉在錫的三步驟練習法，「停下來，思考，再停下來」，創造出更棒的想法。

意識到何時、應該為何種事物

竭盡全力奮鬥也同樣重要。

用閱讀改變人生最可靠的五個方法

以前我不喜歡把「閱讀」、「人生」和「可靠的方法」這些詞彙放在同一段話裡面。直到去年，我還只是把閱讀當作心靈的食糧，但是經過三十年以上勤奮的閱讀，我現在終於了解到，閱讀是生存最强的智慧武器。

不閱讀就會被淘汰，但不是所有人閱讀時，都真的有把書讀進去。如果你讀了很多書，人生卻沒有任何變化，那簡直就是在浪費時間。閱讀一定要帶來明確的改變，而且這個改變應該是你想要的。所以，我要分享用閱讀改變人生最可靠的五個方法，希望你也能產生這樣的改變。

第一，先從每個月讀一本書開始。大量閱讀是好事，但是如果至今為止，你讀了很多書，都沒有對人生產生任何影響，那現在就需要做出改變。我每年只讀一本書，但是至少會寫三本不同領域的書。換句話說，我生產的比我閱讀的還多。閱讀不是1＋1＝2的數學運算，而是應該與你內心的自我相遇，相加後變成三，甚至變成一百。

第二，至少要反覆閱讀十遍以上。一本書不是一口氣寫成的，而是經過數十次深思熟慮的成果，所以身為讀者的你也必須閱讀數十次。當然，不僅僅是看過而已，每次都要帶著不同的疑問去閱讀。無論你抱持什麼不同的問題，書本都能給你最好的答案。

第三，每天閱讀三十分鐘，而且中間至少停下來三次。你不需要長時間閱讀，閱讀不是勞動，而是最佳的智慧修養。一天只要閱讀三十分鐘就足夠了。但是務必記住，這三十分鐘不僅僅是閱讀，還要在過程中停下來，找到那些令你感到驚嘆的部分。那麼，要如何找到那些足以讓我們的視線停下來的驚嘆之處呢？很簡單，那就是抱持著一顆「想為珍貴的人提供幫助的心」來閱讀，在閱讀的過程中自然就會出現停下來的時刻。

第四，在停下來的時候，分成三個步驟對自己提問。不是無緣無故停下來，在閱讀的過程中停下來，是一件很神奇的事情。接著透過以下的提問，可以讓這些書中文字創造出「屬於自己的事物」。「是什麼讓我停下來」、「停下來的時候我在想什麼」、「我要怎麼將其運用在我的生活中」。

第五，把這些提問的答案寫下來。閱讀的終點是寫作，如果現在不寫下來，無論你到哪裡都寫不出來。無論你經歷了再多，學到了再多，如果不透過文字表達出來，就無法展現其價值。因此，我們一定要把經歷前面四個步驟所獲得的答案，用文字寫下來並每天記錄。

透過以上五個步驟的方法，你將會獲得與以往截然不同的閱讀經驗。一言以蔽之，即是成為「另一個不同維度的存在」。

多方且積極地吸取周遭的知識

能夠激發自身才能和創意的人，能夠過上一段順遂的生活，這部分主要屬於個人努力的範疇，然而，這種前進的步伐很快就會停止。任何人都一樣，光憑個人的能力，很難一輩子保持創造力，所以需要借助「他人的力量」。要想做到這一點，就必須把以下三種心態變成自己的習慣：

首先，認識並珍惜每一個瞬間的價值。人生終究是由無數的瞬間累積而成的作品。那些真正掌握自己人生的偉人們深知這一點，比起結果，他們認為每一個瞬間更加珍貴和美麗。因此，我們應該把所有瞬間，都當作一個完整的結果來看待。我們要記住，為了追求自己的夢想而學習、工作、努力的每個瞬間，都是無可比擬的美好，我們應該時刻銘記，並一直與這些瞬間共存下去。

其次，思考時要全力以赴，就像在衝刺一樣。這不是在說要用身體拚命奔跑，畢竟無論再怎麼鍛鍊，肉體總是有其極限。可是思維就不同了，肉體會衰老，所以無法累加成為經歷，然而思維卻能越來越有深度，積累成為寶貴的資歷。舉例來說，思維鍛鍊得越多，就會累積越大的能量，解決問題也會變得比以前輕鬆。這個世界上沒有信步而行就能到達的目的地，所以我們每天都要帶著全力思考的心態來生活，才能發現那些幫助我們通往最終目標的靈感和想法。

最後，不遺餘力做好自己的本分。只有永遠專注在自己身上，才能用自己的眼睛展望世界，用屬於自己的視角吸取各式各樣的事物。當我們用追求完美的心態看待自己時，就不會有所動搖。因為這種追求完美的渴望，會為我們指出讓自己變得更好的道路。換句話說，當別人熱衷於與你不相干的話題時，你要專注做好自己的本分，才能每天有所進步。

想要把眾人的知識變成自己的並加以利用，就要好好認清這一點：「資訊」與「知識」是不同的，而「智慧」又是另外一回事。抱持上述的三種心態，你可以將他人的資訊轉化為自己的知識，透過實踐讓它發酵，再從中提煉出智慧。資訊是人人皆有，是連機器都能夠累積的東西，但是智慧是經過處理和轉化後屬於自己的東西，我們務必記住這一點，活出追求學習的人生。

數千年來證明
改變命運的唯一方法

過去數千年以來
改變自身命運的方法，
其實比想像中還要簡單，
關鍵就在於我們身處的空間。

一切的變化
都從空間開始。
生活的空間改變了，
遇見的人就會隨之改變；
遇見的人改變了，
展望的視野也會隨之改變。

這樣的變化會不斷延續下去。
展望的視野改變了，
思維的層次就會隨之改變；
思維的層次改變了，你的命運也會隨之改變。

你經常身處的空間，
其實就是你的命運所在。
然而這並不如想像中
來得那麼簡單，
因為要改變生活的場所，
光靠一般的意志力
是極其困難的。

我們必須擁有明確的信念，
才能夠下定決心做出眼前的犧牲，
轉移自己身處的空間。
但是那些對於轉移後的結果，
缺乏明確信念的人，
往往很難擺脫當前身處的生活空間。

不過那樣的時刻並不會自己找上門來，
這正是改變命運的關鍵所在。
信念不是在離開前就擁有的，
而是在離開之後才會現身的。

「雖然離開的時候很害怕，
但是離開以後才明白，這是多麼美好的選擇！」

很多人直到現在
都在浪費寶貴的時光，
等待著只有在離開後，才能感受到的價值
自己找上門來。

改變你所有的想法和做法，
宛如心中已然擁有堅强的信念一般，
毫不猶豫地果斷離開。
如此一來不知不覺降臨的信念，
就會溫柔地引導你，
抵達你真正渴望的所在。

「人不是命運的奴隸，
而是自己內心的奴隸罷了。
任何人都可以改變自己的內心，
藉此決定自己的命運。」

人生越活越好的人，每天的三個與眾不同之處

凡事欲速則不達！因為那些迅速得到的結果，往往也很容易迅速消逝。所以那些每天一點一滴積累成果的人是特別的，他們讓自己的人生越活越好，最終成為足以發揮強大力量的人。即使面對世界上各種誘惑與痛苦，他們依然穩住自己的步伐，堅守自己生活。他們通常有以下三種特徵：

第一種特徵，是藉由耐心建立支撐生活的資本。要在長時間達成某件事，耐心是基本條件。我們不妨訂定一個原則，每天像例行公事一樣去執行，如此一來便能培養耐心。舉例來說，每天做三十個伏地挺身、讀四十分鐘的書、散步一個小時等，都可以應用在生活的各個層面。無論是什麼，只要能對我們的生活產生正面影響，都可以試著規律地實踐看看。

第二種特徵，是透過練習尋找事物的本質來提高生存能力。他們每天都在練習，從身邊發生的各種事件或情境中，找到事物本質所在。這也是為什麼所有慢慢提升自我的人，都會

强調閱讀的重要性。藉由每天的閱讀，把內容濃縮成一句話，從而培養能夠掌握事物本質的能力。不是所有事物反覆使勁就能展現力量，重點要能夠抓住本質，即使僅有微弱的力量，也可以將自己展現出來。

第三種特徵，是不試圖理解所有人。這些人有一句每天反覆提醒自己的人生格言，那就是「不懂得理解我的人，我也不需要去理解他」。真正的傾聽，不是全盤接收所有的話語，而是專心傾聽那些「值得傾聽的話語」。同樣地，如果試圖理解身邊所有人，只是在浪費寶貴的時間，讓自己沒辦法專注在真正重要的事情上。所以只留下需要理解的人，其他人就讓其隨風而過，這樣對自己會更好。

如果你能在生活中根植這三項原則，未來的每一天都會有所改變，種下不同的種子，自然會結出不同的果實。當然，我們也會遇到艱難的時刻，但只要記住這四句話，重新開始就可以了。

「我不可能每次都成功，
但我可以不斷挑戰自己。
只要選擇自己做得到的事情，
做得到的事情就會越來越多。」

因為肉體會衰老，
所以無法累加成為經歷；
然而思維卻能越來越有深度，
積累成為寶貴的資歷。

任你讀了上千本書
卻無法進步的原因

「閱讀會改變人生。」
很多人用這樣的說法
來强調閱讀的價值。
但是我不完全認同，
因為這句話忽略了最關鍵的一點，
那就是「思考」。

要讓讀書真正改變生活，
這句話應該改成這樣：
「在思考的同時，閱讀會改變人生。」
書本只是把作者的想法
轉化為文字而已。
那只是單純的文字，
根本無法激發你的思考。

這是非常重要的問題，
「為什麼我沒能成功？」
如果你這麼問世人，
得到的回答可能是：
「因為你不夠努力！」
「因為社會制度有問題！」
答案會根據觀點的不同而有所變化。

然而這些答案都不對，
問題的關鍵其實在於思考。
因為你在生活中缺乏獨立思考，
所以連自己的問題，
都要依賴他人來解答。
為什麼要依賴那些
對你一無所知的人，
來解答自己無法成長的原因呢？

不懂得獨立思考的人，
這一輩子都要依賴那些
能夠獨立思考的人所下的結論和指示，
成為他們的附庸。

甚至還要把自己的金錢與時間都獻給他們，
這有多麼讓人不甘心呀！
辛苦賺來的錢都奉獻出去，
卻還是過著像奴隸一樣的生活。

我們一定要學會獨立思考，
開始過好自己的生活。
每天都要不斷提醒自己：
「我真是在獨立思考嗎？」
然後活出屬於你的人生。
這才是足以
賦予自己自由
最明智的方法。

將目標設到最高的根本理由

有一位作家，他寫的書幾乎「必定」會成為暢銷書。然而詭異的是，銷量每次都停在十萬本左右，始終無法跨越這道門檻。無論下再多的功夫在寫作和行銷上，得到的結果都一樣。他花了很長的時間，努力分析其中的原因，但是銷量就像中了魔咒一樣，總是停在十萬多本，遲遲找不到突破的方法。

有一個銀行上班族，他自從進公司以後就一路晉升，成為最年輕的副行長，然而詭異的是，他在副行長這個職位上待了超過十年，最後還是沒能成為行長，最終只能黯然退休。他在韓國代表性的幾家頂尖銀行中當過副行長和首席副行長，每天二十四小時投入工作，卻始終無法升上行長的位子。

有一天，他們各自發現了自己開始提筆寫作的那一天，以及第一天上班時寫的舊筆記本，裡面留下了非常驚人的紀錄。作家的筆記本上寫著：「我要成為銷量十萬本的作家！」上班族的筆記本上則寫著：「我要成為最年輕的副行長！」事實上，他們都達成了自己的目標。然而不幸的是，這些目標也成為阻撓他們人生更上一層樓的巨大障礙。

雖然聽起來很不可思議，但以上都是真實故事，這種情況其實屢見不鮮。我們習慣性的話語很危險，因為儘管肉眼看不見，可是「目標的語言」依然具有強大的力量。我們最終會成為自己預言的那樣，即便在此時此刻，我們也在透過話語創造自己的未來。

在這裡給你一個建議，如果你想成為某個樣子，就要先捨棄「隨便」這個詞彙。認為只要試著做做看，成功的日子自然會到來的想法，幾乎百分之九十九都只會以妄想告終。這個世界上沒有哪個領域，是隨便做一做就能成功的。即使你全心投入，堅定不移，現實往往也不如你所願。因此，我們要樹立正確的方向，建立明確的原則，將其奉為圭臬並持之以恆，才能獲得想要的結果。這個過程的關鍵就在於「目標的語言」。每當你開始做一件事情時，都要問自己以下三個問題，才能精心雕琢目標的語言，並將其化為現實。

「我渴望的未來是什麼模樣？」
「為了實現這個目標，我現在應該做什麼？」
「如果想要永遠持續下去，我還需要什麼？」

只要將這三個問題的答案，當作一生的指引來重視並將其融入生活中，你就能迎接自己渴望的未來。我們一定要記住的是，最好設定自己所能想像的最高目標，唯有如此，才能夠喚醒你內在的潛能。因為喚醒潛能的關鍵往往源自於最高的目標。從這個角度來看，我們之所以無法釋放自身內心的眾多潛能，是因為我們沒有設定足夠高的目標來激發它們。一旦設定夠高的目標，我們就會專注在自己身上，並且喚醒沈睡的潛能、找到戰勝困境的方法。

我要再次强調，不要為了迎合現實而降低你的夢想和目標。相反地，要讓現實追上你的夢想與目標的高度，那麼你所渴望的一切終將美夢成真。

足以完美克服未來挑戰的三種力量

隨著人生歲月的推進最終會發現，
雖然在學生時代沒有意識到，
但是學習是這個世界上最公平的遊戲。
當然學習也有像天賦和環境
這種難以克服的變數，
但是回想學習時的那段歲月，
與外面的世界相比，
就會輕易意識到，有更多數不清的不公平存在。

讀到這裡，
有些人可能會感到後悔：
「可是我已經不是學生了，
要是我在念書的時候就明白這些該有多好。」
然而對你來說其實也不嫌晚，
因為學習並不僅限於學校，
我們在任何時候都可以學習。

閱讀與寫作的生活就是起點。
只要深入閱讀，精進寫作，
你的生命就會變得更加美好。
大量閱讀和大量思考過後，再大量書寫，
正是支撐學習的三大支柱。
如果你能夠穩固地建立這些支柱，
無論未來遇到任何挑戰都不再令人畏懼。

這並不是在强迫你學習。
我們今天閱讀、思考和寫作的理由，
不是為了填滿空白的大腦，
而是為了向世界敞開胸懷。
我們不需要强行填滿一切，
關鍵在於接受萬物、建立自己的原則，
並擁有屬於自己的人生哲學。
因為按照自己的方式航行的人，
無論面對任何風浪來襲都無所畏懼，
反而能找到利用它的方法。

Chapter 6

見識過太陽的人，不會眷戀燭光的原因

從擠在套房裡的四口之家，到坐擁一三七〇億韓元財產的主人

有一對住在美國的韓國夫妻，丈夫二十六歲是個運動員。雖然他很有才華，但是還沒有服過兵役，而且身體狀態不佳，手肘還動過手術。婚後夫妻倆生了兩個孩子組成四口之家，但是丈夫的月薪卻只有一百萬韓元，經濟上捉襟見肘。眼看家人日子過得這麼辛苦，他對妻子這麼說道：「我想了很久，我們還是回韓國吧，我覺得妳也很辛苦。」

他本以為妻子會欣然同意，可妻子堅決的回答卻讓他大吃一驚：「不要管我和孩子們，你就在這裡做你該做的事情，追逐你最初的夢想，這才是我真正希望的。雖然日子不好過，但我們是為了實現夢想才來到這裡的，不是嗎？如果對你來說是個累贅，我們可以自己先回韓國。別讓你的內心有所動搖，也千萬不要放棄你的夢想！」

這番話之所以令人感動，是因為妻子當時的健康狀態也很不好。因為身心都很艱辛，有一隻眼睛開始逐漸失明，醫生甚

至診斷說她可能會完全失去視力。儘管如此，她依然像當初一樣全力支持丈夫的夢想，相信丈夫一定會成功。結果，曾經遭到許多人嘲笑的這份信任，很快就化夢想成為了現實。

這個故事的主角就是秋信守，二〇一三年十二月，他和美國職棒德州遊騎兵簽下一份為期七年、價值高達一千三百七十億韓元的鉅額合約。這份合約十分驚人，儘管要繳納高額的稅金，但是他的週薪依然多達三億韓元。當人們聽到這個故事後，男人和女人往往會產生截然不同的想法，兩者分別如下：

男人：就是要遇到那樣的老婆才能成功。秋信守正是因為有老婆的支持，才能度過艱困期蛻變成偉大的運動員，我也想要有這樣的賢內助！

女人：要是能遇到那樣的老公，誰都可以做個賢內助。有個能賺上千億元的老公，有什麼做不到的！

很多男人都想遇到像秋信守妻子那樣的女人，很多女人都想遇到像秋信守那樣的男人，但是在我看來，他們根本不知道自己擁有的潛力，可以說這些人對於自己的可能性，完全沒有任何關注與信心。如果你把自己無法成功的原因，歸咎於沒遇到對的另一半，那你真的是個愚蠢的人。

很多丈夫在聽了秋信守妻子河苑美的故事後，或許會對自己的妻子說：「拜託妳也像她那樣好好支持我啊！」然而，大部分的妻子在聽到這個要求時，恐怕只會冷笑著回應：「好啊，我什麼都願意做，只要你可以像秋信守那樣賺超過上千億元！」如果你曾經有過這種對話，表示你們之間根本沒有百分百的信任。

在秋信守最艱困的時期，他曾經對妻子這麼說：「再堅持一下，我們快成功了，妳的辛苦一定會有回報。」但是妻子卻笑著回答：「什麼回報，我做這些難道是為了回報嗎？」妻子相信的是秋信守這個人，而非指望他取得成功後的收穫。真正的信任是不會期望回報的，正是由於這份信任，才能支撐秋信守，發揮如此超乎常人的努力。

- 他們一家四口擠在一間套房裡，而為了讓丈夫全心投入棒球，妻子會在嬰兒每兩個小時哭鬧要喝奶時，抱著孩子走到房間走廊上餵奶，只希望不要吵醒丈夫。
- 妻子在生第二個孩子時，丈夫正在外地比賽，她獨自開車去醫院生產，生完後的第二天，為了照顧老大，她把老么夾在腿間自己開車回家。
- 妻子為了丈夫，甚至取得了運動按摩師的執照，懷孕期間也經常為丈夫按摩。

當然也有危險的瞬間，但是我們之所以能夠以感動的目光來看待這些時刻，是因為她不僅僅是賢內助的女王，更是信任的達人。像這樣幫助一個人發揮潛能的力量，其實就源自於信任。激發對方得以好好展現潛能，這份力量不是取決於對方，而是在於你自己。

如果潛能是血液，那麼信任就是血管。信任能夠激發潛能的流動，打造通往夢想成為實現的唯一道路。事實上，在獲得妻子的信任之前，秋信守只是一個滿腔熱血的失敗者。但由於她的信任，秋信守終於發揮出了自己真正的實力。再好的醫生，再好的運動設施，也沒辦法培養出最頂尖的運動員，因為這些都沒有對於人的信任，缺乏信任下所能發揮的技術，不過只是空殼罷了。

如果你真心想幫助摯愛之人實現夢想，方法其實很簡單。即使是那些看起來到死都難以相信的地方，也要做到百分百的信任。

○○○

如果你愛對方，就要信任對方。

無論是一起工作的同事，

抑或是一起生活的家人。

一定要讓你的信任強烈到

足以打動對方的心！

不久之後他們就會

如你的信任般成長。

生命中的各種不協和音，是讓你變得與眾不同的訊號

「最近老是發生奇怪的事情。」、「不尋常的事件頻繁出現，讓我感到很焦慮。」如果你正飽受這樣的煩惱所苦，請務必耐心聽我說。

首先，我要問你一個問題：當你在欣賞古典音樂時，有什麼樣的感受呢？有些人可能感到乏味，但是那些歷久不衰、受到大眾喜愛的經典曲目，一聽就會讓人覺得很美妙。為什麼古典音樂能夠讓人感到美妙呢？是因為旋律很好聽嗎？還是因為有某種規律呢？其實都不是，答案在於超乎想像的部分。

「這一切都要歸功於不協和音。」

我們所熟知的美妙古典音樂，實際上都可以說是各種不協和音的集合體。即使是再怎麼經典的古典音樂，如果去掉其中的不協和音，瞬間就會變成與普通曲子無異的平凡音樂。原因

很簡單：因為不需要聽到最後就可以被預測，同時也讓音樂失去了獨特性和個性。

現在你的生命中，是否也在發生宛如不協和音的事情呢？你的生命軌跡，是不是正流向與周遭人截然不同的方向呢？你對未來是否感到不安甚至害怕呢？如果是這樣，那麼我反而要恭喜你。

因為你現在感受到的所有不安，恰恰證明你正在過你自己的生活，演奏屬於你自己的音樂。這些擔憂、不安與焦慮，就是你即將經歷與其他人不一樣生命的鐵證。

當我們把來自各種領域的知識融合在一起，或者將不同性質的分子合而為一時，總會看到宛如不協和音般的激烈反應或裂痕。從這個角度來看，你現在經歷的這些挑戰，正是預告你獨特的生命即將展開的訊號。不要害怕生命中的不協和音，因為這意味著你正在變得與眾不同。

如何跳脫常規
活出屬於自己的人生

我永遠無法忘記，第一次與已故李御寧老師見面交談的那天。在談了一個多小時後，當我準備離開時，他用深刻而堅定的聲音叫住我：「金作家，以後你儘管來找我，儘可能地利用我吧！我隨時為你敞開大門。」

從那次起，我們定期見面超過十年，討論各式各樣的主題。雖然每次談論的主題不盡相同，但是我們的對話總是圍繞著「如何活出ONLY ONE的人生」。以下我把我們長時間熱烈討論的內容，濃縮成十個重點。如果你也想活出屬於自己的人生，我會建議你每天抽出時間，反覆閱讀這些內容。

第一，在最艱難的時刻，我們的智慧會爆發性地成長。所以我們一定要記住，那些最優秀的人，往往經歷了最艱難的時刻，讓自己的智慧成長到更高的層次。只要鍥而不捨，就能達到那樣的境界。

第二，即使看到一千個人離開，也要有獨自留下來的勇氣；相反地，即使有一千個人留下來，也要有獨自離開的勇氣。我們在任何情況下，都要有一顆不受外界影響的強大內心，當所有人都在動搖的時候，保持堅定是通往屬於自己人生的第一步。

第三，放下情緒專注在工作上，創造力便會自然從中湧現。如果總是被工作太辛苦的情緒影響，就什麼都無法完成。越是困難的時候，就越要專注於工作，工作會解放你勞累的心，讓創造力從中誕生。

第四，時刻保持正向的心態。正向的心態指的是相信「不幸過後必然會帶來好運」，而非「不幸過後，還會有不幸接踵而至」。正向的心態會帶來美好的明天。

第五，一旦著手投入某件事情，就不要停下來，勇敢向前走。見識過太陽的人，不會眷戀燭光；懷抱遠大夢想疾馳的人，亦不會被微風所阻擋。相信自我勇往直前。

第六，多聽一點，少說一些。說話基本上不具備創造性，它只是把你目前為止聽到的、經歷過的領悟，透過聲音傳達出去的行為而已。

第七，不要去「想」或「說」關於任何不幸的事情。因為不幸會找上呼喚自己的人，宛如氣球般膨脹，為你帶來更多的痛苦。如果有十次不幸的想法，那就用一千次幸福的想法來取代它，將不幸完全地抹去。這點沒有人能夠替你完成，能夠消除不幸的唯有你自己。

第八，要堅定地相信自己的潛力和永遠的價值。人是具有無限可能的存在，所以趕快行動吧！你只是還沒發現自己的潛力，這個世界上有很多事情等著你去完成，值得一而再，再而三地探索。

第九，聽取別人建議而成功的案例很罕見。因為最了解自身情況的人就是自己，比任何人都要重視自己的人也只有自己。所以我們要拋開別人的眼光，傾聽自己內心的聲音。

第十，記住以上的一切，最後把李御寧老師在我最艱困時告訴我的這段話刻在心裡，然後好好努力：「不要害怕！在事情越不順利的時候，越要像成功的人一樣思考和行動！」

如果潛能是血液，那麼信任就是血管。

信任能夠激發潛能的流動，

是實現夢想的唯一通道。

人生的美好起點
源自於困境

我們無法一開始就抵達想要的目的地，但是每個人都可以隨時隨地起步出發。能否抵達取決於經驗和能力，但是起步需要的是意志力。所以越是在生活入門階段的人，就越應該頻繁地嘗試起步。

在過去的三十年裡，我每天都寫滿足足五十頁稿子，從來沒有一天間斷過。正因為如此，我才能寫出最貼近我內心的文字。現在，我終於能夠準確地抵達我內心所渴望的目的地，經過三十年無數次的嘗試，我才達到這個境界。如果你也可以開始每天持續在生活中投入一些事情，相信最終也能抵達自己心之所向的地方。

然而，起步之所以不容易，是因為在達成任何事情之前，我們的現實狀況往往是充滿艱難的。現實的困境會讓我們猶豫是否應該開始，最終說服自己，繼續將就原來的日常：「活著已經夠累了，還是得過且過吧！」、「人生有什麼意義呢？享受當下最重要！」但是你如果想要獲得精采的人生，就必須擺脫這種安於現狀的想法。任何人在開始投入全新的事物時，都是辛苦、害怕和孤獨的，關鍵在於你是否能夠克服這些感受，在無數次的嘗試後，一切都將會改變。隨著年齡增長，一個人的面容也會漸漸反映出他的人生，因此如果你想了解一個人，不妨看看他的面容。那些歷經歲月的蒼桑面容，總會告訴我們事實的真相。

我們永遠要把目光放在自己身上。如果一個人了解改變的神奇力量，就不會刻意去敦促別人改變。這麼寶貴的事物，為什麼要送給別人呢？那些不斷勸說別人改變的人，通常是為了藉此獲取自身的某種利益。改變是如此珍貴，唯有透過自己的力量才能實現。即使周遭沒有變化，只要你變了，一切也會隨之改變，除此之外，只要不半途而廢，你就不算失敗。反過來說，無論在任何情況下，如果你選擇放棄，即使還有任何可能性，你也是失敗的。從生命的角度來看，這可謂是一種自殺。因此，只要還有一絲的可能性，千萬不要輕言放棄，所有的失敗並非源於沒有可能，而是自己死心的結果。

不要把困境只當作壞事來看待。當你遭遇困境時，一定要善加利用它，否則將來你只會遇到更大的不幸。在我們身邊，有些人總是會接連遭遇不幸，他們就是沒能善加利用不幸的案例。其實我們可以藉由不幸與困境，了解誰是真正關心我們的人，以及我們需要什麼樣的環境。因此當困境降臨時，我們應該迅速分辨並整理、那些對我們而言有價值的人和環境，如果不這麼做，它們只會為你帶來更大的不幸。

○○○

如果你沒有將「不幸」當作老師，

就會一直活在不幸中，成為不幸的奴隸。

那些以不幸來當作結尾的人，

會不斷經歷痛苦；

而把不幸當作契機重新開始的人，

則能夠終止這樣的循環。

不要在面對不幸時退縮或放棄，

應該成為能把不幸轉化成

美好起點的人。

幫助你實現夢想的四行公式

作家、
網紅、
演講家、
企業代表等，

「想成為什麼樣的人？」
有這種想法的人非常多，
但是「付諸行動想做什麼事的人」
卻很少。

要成為作家，
你需要一直寫作；
要成為網紅，
你需要持續創作；
要成為演講家，
你需要不斷累積內容和知識。

要成為企業代表，
你需要在日常生活中，
學習和實踐足以代表自己的事物。
很多人都渴望擁有前面的「名詞」，
卻忽略了後面的「動詞」。

因此市面上充斥著很多補習班，
以各種口號誘惑大眾，
聲稱不需要「動詞」，
也能得到「名詞」。
而這些補習班的口號，
正好反映大眾的內心。

無論你懷抱什麼樣的夢想，
只要記住以下四句話就能實現。
「當你把動詞懷揣在心裡，
名詞就會隨之而來。
但如果你忽略了動詞，
就永遠無法擁有那個名詞。」

黃澄澄的金子
不需要再鍍上金箔

很多人總是為自己的人生擔憂，
因為出於對未來的恐懼而發出疑問：
「如果這個世界不能理解我，
我該怎麼辦才好呢？」
「我是不是在這裡就玩完了？」
「萬一我永遠等不到機會要怎麼辦？」

然而這些問題
其實不會對結果造成太大的影響。
如果你是星星，你自然會發光；
如果妳是花朵，你終究會綻放。

你不可能展現出你沒有的事物，
反過來說你擁有的事物也無法隱藏。
所以不要試圖用任何東西來包裝自己，
而是要勇敢直視自身的樣貌。

就像黃金不需要再鍍上金箔，
花朵不需要再灑上香水。
它們本身已經足夠閃亮和芬芳，
不需要再多此一舉，
用任何修飾來包裝自己。
因為你就是你，這就已經足夠了。

將夢想中的未來
轉化為現實的方法

「不是贏就是輸！只有這兩種結果，沒有灰色地帶！」打從出生開始，我們就被迫進入殘酷的競爭中。為了生存下去，我們必須拿下勝利，如果沒辦法保持領先，我們就會陷入恐懼，讓自己不得片刻安寧。我們不斷積攢各式各樣的能力與技能，隨時為了與他人競爭做好準備。

然而，現今那些眾人稱羨、三十幾歲就提早退休的FIRE族，或是能夠享受豐富物質生活的人，他們在生活中競爭的層次與普通人截然不同。他們的競爭哲學可以用一句話來概括：

「雖然競爭，但是不競爭。」

這句話究竟是什麼意思呢？首先，「競爭」這個詞源自於拉丁語，它真正的意思不同於我們平常的理解，原意其實是「共同努力」，這是一個與打敗別人或壓制對手毫無關聯的詞。你所羨慕的那些活得自由自在、享受豐富物質生活的人，正是巧妙地運用了這一點。他們透過改變對「競爭」這個詞的看法，創造了與眾不同的未來。他們追求的競爭哲學是：

「容易的事情競爭者眾多，困難的事情反而很難找到競爭對手。」

他們願意把自身投入到最具挑戰性的事情中，這意味著什麼樣的人生呢？或許跟你的推測有所不同，甚至超出你的想像，所以你一定要仔細閱讀。舉例來說，如果他們的職業是作家或講師，反而會去支持和讚美同行。

我們不妨試想，靠寫作和演講維生的人，通常會把其他作家和講師當作競爭對手。但是當其他作家出版新書，或是別的講師做了一段精彩的演講時，他們會主動去按讚和留言支持。事實上，稱讚對手並留下正面評價，是世界上最困難的事情之一，但是他們卻樂於幫對手加油打氣，並且為他們喝采。

這就是他們所選擇的方式——雖然競爭，但是同時也跳脫競爭。只要先尊重對方，主動傳遞善意，從那一刻起，你就能夠從競爭中擺脫出來，這點正是關鍵所在。這也表示身為作家和講師，他們正走在一條與眾不同的道路上。如果只是見不得別人好，或者想等到超車別人以後再伸出援手，那麼你很有可能永遠都沒辦法實現自己的目標。但是只要在日常生活中先釋出善意，反而會在這個過程中找到一條引領你走向成功的方法。

因此，如果你覺得自己目前還不如競爭對手，就應該更主動接觸他們，並在對方取得成就時真心給予祝福。這才是既是競爭又能跳脫競爭，將夢想中的未來轉化為現實，最具智慧、最快速的方法。

○○○

將夢想中的未來，

帶到現在並即刻實踐吧！

只要你呼喚它，就能隨時擁抱它。

當努力超越天賦的瞬間，奇蹟就會發生

人生中最大的遺憾，
不外乎以下三點：
第一，我本來可以做到的。
第二，早知道我就去做了。
第三，我本來應該去做的。

然而無論我們有多麼懊悔，即使重新來過，
也很有可能做出相同的選擇。
其原因與事物的本質有關，
我們並未充分理解必須這麼做的價值。
唯有當我們完全了解其中的價值，
才會冒險做出不同的選擇。

發現價值的眼光，
就是一個人擁有的天賦。
我們今天無法達成自己渴望的

某些成就的原因，
並不是因為缺乏天賦。
當你不斷重複某件事情直到厭倦的時候，
往往會迎來某個瞬間，眼前一片光亮並不禁自問：
「這是我的天賦，還是努力的結果呢？」

有時候你會忽然搞不清楚，
是天賦帶來的成果，
還是努力帶來的成果。
這就是當努力超越天賦的瞬間，
也是你遇見奇蹟的時刻。
光靠天賦是行不通的，
只有普通的努力也是不夠的，
唯有付出足以超越天賦的努力才行。

天賦宛如喧鬧的聲音，
努力則像靜靜散發的香氣。
如果不能用那份安靜的聲音引導自己，
即使喊得再大聲
也無法帶來不同的結果。

如果你是星星，你自然會發光；

如果妳是花朵，你終究會綻放。

哪怕只有一秒鐘，
也不要為別人而活

那些順應社會規範而活的人，
總愛拿自己和別人做比較，原因不外乎兩種：
一種是透過貶低別人來抬高自己，
一種是透過抬高別人來貶低自己。
前者是在逃避現實，
後者則是自我折磨的行為。
不管是哪一種對自己都沒有好處。

那些堅定不移地穩步成長、
擁有屬於自己生活的成熟大人，
根本不會在乎
別人的成就。
因為那些並不是自己的東西，
唯一值得比較的對象
只有昨天的自己。

不要去看今天的別人，
而是要專注於觀察昨天的自己。
使你成長所需要的所有答案，
不在今天的別人身上，
而在於昨天的自己。

行動要快速，
但是切勿急促。
急促抵達的地方
與快速抵達的地方，
絕對有所不同。

如果你能領悟
快速與
急促之間
微妙但巨大的差異，
你就能夠獲得與昨天截然不同的今天。

「哪怕只有一秒鐘，也不要為別人而活；
哪怕只有一秒鐘，也要為自己而活。」

渴望一生幸福成長的人必備的兩種關鍵能力

如果你身邊有人經常抱怨別人，或常對別人進行負面評價，最好避免與這類人接觸。「他和我想的不一樣，真是讓我失望透頂。」、「他跟我的預期差太多了，我再也不想跟他有任何往來了。」這樣評價別人有什麼問題呢？那些對別人表現出極端的失望和批判的人，通常都有兩個共通點：

首先是非常關鍵性的一點，那就是他們「沒有看人的眼光」。你想想看，他們之所以老是感到失望，正是因為沒有足夠的眼光來準確理解他人。如果一開始就可以準確評估對方的言行，見面後根本就不會感到失望。換句話說，他們說自己失望，就等於變相承認了自己的眼光不好。

另一點是他們「總是只看到別人不好的那一面」。在世界上任何一個人身上，我們都能夠發現長處和優點，這純粹是心態的問題。那些看不見別人優點的人，正是因為他們缺乏發現美好事物的心態。因為沒有這種心態，最終甚至會失去最基本的判斷力。

請謹記，
用以下方式說話的人，
對我們的生活沒有任何幫助。
「他和我想的不一樣，
真是讓我失望透頂。」

相反地，
常跟以下這樣說話的人來往，
生活會變得更加美好，對你的成長也有幫助。
「我實際見到他以後，
不出所料他真的是個很棒的人。」
「我一直想學習這樣的優點，
結果發現他真的是很適合我的人選。」

對於渴望一生幸福成長的人，
必須具備兩種關鍵能力：
第一種是「正確看人的眼光」，
另一種是在任何困境中都能
「發現美好事物的心態」。
如果你身邊有很多擁有這種能力的人，
對於你幸福的成長將會產生很大的幫助。

即使在低潮期，
依然能夠成長的祕密

在生活中，有時候事情會進展得不太順利，讓我們不禁想：「怎麼突然變成這樣？」、「我是不是該換個工作？」社群平台也一樣，舉例來說，當你在IG上用以往一樣的方式發文，卻發現觸及率或追蹤人數急劇下滑。

此時，人們面對這種情況的反應大概分成兩種，百分之九十九的人會把原因歸咎於外在，心想：「IG的演算法是不是出了什麼問題？」、「是不是流量突然被限制了？」、「我要不要放棄IG，改去經營YouTube？」另外有百分之一的人會捫心自問：「是不是我的內容有什麼問題？」、「我的文案是不是寫得太隨意了？」、「我的照片跟文案是不是不搭？」接著進一步產生以下的思考：

「如果想要獲得比以前更好的反應，應該怎麼做呢？」
「即使情況發生了變化，我是否還能依靠自己的力量來扭轉局勢呢？」

「我應該做些什麼改變，才能超越過去的成就呢？」

那些在低潮期也能迅速成長的人，思維方式往往與眾不同。他們在任何情況下，都會從自身尋找問題的根源，而不是把責任歸咎於外界。成長的開端始於從自身尋找問題根源的態度，這樣的法則同樣適用於個人事業與職場生活。

如果有人認為生意不好是因為路過的人少，或者周遭環境不佳才會導致工作成效不彰，那麼他們就很難進步。因為改變外界條件十分困難，光靠個人的力量很難輕易做到。但是如果每次都能從自身找出問題，並且努力改善，狀況將會徹底改變，這就像是每天都給自己一次機會一樣。

如果想要成為無論時代或環境如何變化，
都能持續成長的人，
就必須徹底改變自己的思維模式。
不要只想著如何戰勝統計數據，
而是要去思考如何跳脫統計數據的框架。
這是邁向成長至關重要的本質，
也是那些追求自由與成長、
每天都活得越來越幸福的人的態度。

如果想要像個創造者一樣，過著由自己打造理想世界的生活，就必須以跳脫競爭的角度來看待世界，而不是只專注於如何在競爭中取勝。唯有如此，處在任何低潮時期，你都不會被機器所取代，也不會陷入夕陽產業的泥沼，活出超越統計數據框架裡的人生。

你就是你
日復一日的行為總和

有個用雙手洗碗二十年的人，最近購買了一台洗碗機。那麼接下來他會經歷什麼呢？或許如往常般用手把碗洗完以後，他才會注意到最近買回來的洗碗機。二十年來一直用手洗碗的習慣，遮蔽了他現實中擁有洗碗機的認知。

這就像你控制飲食九十九天以後，暴飲暴食一天不會讓你突然變胖，抑或是在暴飲暴食九十九天以後，節食一天也不會讓你突然變瘦一樣。日復一日的行為塑造了我們的現在，而現在的我們，也正在被反覆的事物所塑造。今天的你，是你至今為止反覆觀察、傾聽和實踐的總和。

「你就是你日復一日的行為總和。」

如果你希望自己一天比一天進步，生活越來越好，就必須儘早體認到我們反覆實踐的事物，會塑造出我們當前的樣貌。除此之外，要想成為優秀的大人，就需要掌握以下五種習慣和哲學，並且長期反覆實踐。沒錯，所以從現在開始，就讓日復一日的習慣與哲學，定義你的存在吧。

第一，從相信反覆的力量開始。只實踐了一天的習慣，就像一根脆弱的細線，輕輕一拉就很容易斷裂，但是如果每天反覆實踐，這些細線就會彼此交織在一起，變得強韌無比，任誰也扯不斷。

第二，設定正確的方向。如果你想改變習慣，首先必須思考自己的行為應該如何改變，以及要朝哪個方向來改變。如果打從一開始方向就沒有設定好，最後旅途可能會完全走偏。

第三，習慣是最睿智的智者。它能讓善加利用它的人獲得任何事物，也能讓他們成為無所不能。

第四，世界上的事物都一樣，壞的事物很容易入侵我們的生活，並且摧毀我們的生活，但是好的事物卻很難獲得，習慣亦是如此。要養成好的習慣，你需要付出努力，同時還要防範壞習慣趁虛而入。

第五，習慣就像還沒烤好的麵團。當它還是麵團的時候很小顆，甚至讓人懷疑「這究竟能不能變成可口的麵包？」，但是隨著烤箱的烘烤，麵團便會漸漸膨脹數倍，而習慣也是一樣，會隨著時間的推移而成長。

你想成為什麼樣的人呢？無論你的目標為何，都可以在未來邂逅理想中的自己。只要將適合那個樣貌的習慣與哲學內化，反覆實踐就可以了。

後記
現在就為自己活出最美好的模樣吧！

讓人感到遺憾的是，有很多人直到生命的最後一刻，才終於為自己活出最美好的模樣。在無數的歲月消逝以後，直到最後一天，他們才終於學會為自己而活。我們經常聽到應該為自己而活的建議，但是很多人直到面對死亡時，才能真正領悟這個道理。不過，既然你現在已經讀完這本書，我期盼你能夠拒絕過這種愚蠢的人生。沒錯，我寫下的這些文字，就是希望你不要拖到臨終前，而是在今天這個閃閃發光的舞台上，就立刻為自己活出最美好的模樣。

所謂的「成為大人」，就是為自己而活。當我們以這樣的態度過日子，自然就能領悟許多人生的祕密。舉例來說，雖然每個人的領域不盡相同，但是對於那些在人生舞台上躊躇不前的人，所有的大師都會給出類似的建議：「用享受的心情嘗試看看吧。」但是這樣的建議往往很難應用到現實中。這是為什麼呢？

每次在觀看世界盃時，只要看到巴西球員們在賽場上的表現，我就能明白什麼叫做享受自己的工作。他們就像在打電動一樣，把自己多年來積累的技術，在規定的框架中展現出來。他們臉上的表情清楚地告訴我們，他們真的很享受這個過程，甚至連觀眾都會被那份快樂的情緒感染。儘管每個人有各自支持的球隊，但是最後大家都會為巴西球員的表現感到讚嘆，心情也變得愉悅起來。

此時，我們需要意識到一個道理，大師建議的「享受」聽起來很美好，但在現實中卻行不通的原因，就是因為要想享受一件事，我們首先必須非常擅長它。簡單來說，唯有實力超群的人，才能夠像玩遊戲一樣享受生活。因此，比起「享受的心情」，我們首先需要「有享受的實力」。

如果我們不經思考就對大師的建議言聽計從，人生或許很快就會走向崩解。正如同先前看到的，他們的言語隱含著許多尚未揭示的祕密之門。不過只要透過這本書，你將獲得打開祕密之門的能力。最後，你只要記住一點就足夠了。

「讓那些言行帶有惡意的人，像風一樣從你身邊輕輕掠過。」

如果有人屢屢對你話中帶刺，記住這並不是你的錯，而是因為他們羨慕你。小人總是討厭比自己優秀的人，卻喜歡奴役比自己差的人。唯有當你能夠輕鬆看待這些小人，才能夠成為更加強大、專注於自我的存在。

因此，我們不妨從人生中徹底拋開這些想法：

「我真的做得到嗎？」
「我只想躺平就好。」
「大家都這樣活著，也沒什麼特別的。」

反過來說，我們要經常告訴自己：

「只要轉過這個彎，就會有好消息了。」
「今天又會發生什麼美好的事情呢？」
「我真的好幸福，對人生充滿期待！」

我們人生中發生的一切美好事物，都是透過改變我們的語言來實現的奇蹟。

如果你因為跌倒的現實而感到痛苦，
只會留下不幸的印記，

但是如果你重新振作起來為明天而雀躍，
就能夠寫下屬於自己的故事。

「現在，就去書寫屬於你的人生新篇章吧！」

好想法47

大人本來就這麼辛苦嗎？

拿回主導權，為自己而活的79個提醒

원래 어른이 이렇게 힘든 건가요: 하루에도 수십 번씩 사소한 감정에 흔들리는 당신을 위한 현실적인 위로

作　　者：金鐘沅（김종원）
譯　　者：李煥然

責任編輯：王彥萍
協力編輯：周麗淑
校　　對：王彥萍、周麗淑
封面設計：FE設計
排　　版：王惠葶
寶鼎行銷顧問：劉邦寧

發 行 人：洪祺祥
副總經理：洪偉傑
副總編輯：王彥萍
法律顧問：建大法律事務所
財務顧問：高威會計師事務所
出　　版：日月文化出版股份有限公司
製　　作：寶鼎出版
地　　址：台北市信義路三段151號8樓
電　　話：(02)2708-5509／傳　　真：(02)2708-6157
客服信箱：service@heliopolis.com.tw
網　　址：www.heliopolis.com.tw
郵撥帳號：19716071 日月文化出版股份有限公司

總 經 銷：聯合發行股份有限公司
電　　話：(02)2917-8022／傳　　真：(02)2915-7212
製版印刷：軒承彩色印刷製版股份有限公司
初　　版：2025年08月
定　　價：400元
I S B N：978-626-7641-87-3

원래 어른이 이렇게 힘든 건가요
(how hard to be adults)

國家圖書館出版品預行編目資料

大人本來就這麼辛苦嗎？：拿回主導權，為自己而活的79個提醒／金鐘沅著；李煥然譯. --初版. --臺北市：日月文化出版股份有限公司，2025.08
256面；21×14.7公分. --（好想法：47）

譯自：원래 어른이 이렇게 힘든 건가요: 하루에도 수십 번씩 사소한 감정에 흔들리는 당신을 위한 현실적인 위로
ISBN 978-626-7641-87-3（平裝）

1. CST：人生哲學　2. CST：自我實現　3. CST：生活指導

191.9　　114008404

日月文化集團
HELIOPOLIS
CULTURE GROUP

感謝您購買 **大人本來就這麼辛苦嗎？**
拿回主導權，為自己而活的 79 個提醒

為提供完整服務與快速資訊，請詳細填寫以下資料，傳真至02-2708-6157或免貼郵票寄回，我們將不定期提供您最新資訊及最新優惠。

1. 姓名：＿＿＿＿＿＿＿＿＿＿　性別：□男　□女
2. 生日：＿＿＿年＿＿＿月＿＿＿日　職業：
3. 電話：（請務必填寫一種聯絡方式）
（日）＿＿＿＿＿（夜）＿＿＿＿＿（手機）＿＿＿＿＿
4. 地址：□□□＿＿＿＿＿＿＿＿＿＿
5. 電子信箱：＿＿＿＿＿＿＿＿＿＿
6. 您從何處購買此書？□＿＿＿＿＿縣/市＿＿＿＿＿書店/量販超商
□＿＿＿＿＿網路書店　□書展　□郵購　□其他
7. 您何時購買此書？　年　月　日
8. 您購買此書的原因：（可複選）
□對書的主題有興趣　□作者　□出版社　□工作所需　□生活所需
□資訊豐富　□價格合理（若不合理，您覺得合理價格應為＿＿＿＿＿）
□封面/版面編排　□其他＿＿＿＿＿＿＿＿＿＿
9. 您從何處得知這本書的消息：□書店　□網路／電子報　□量販超商　□報紙
□雜誌　□廣播　□電視　□他人推薦　□其他
10. 您對本書的評價：（1.非常滿意 2.滿意 3.普通 4.不滿意 5.非常不滿意）
書名＿＿＿　內容＿＿＿　封面設計＿＿＿　版面編排＿＿＿　文/譯筆＿＿＿
11. 您通常以何種方式購書？□書店　□網路　□傳真訂購　□郵政劃撥　□其他
12. 您最喜歡在何處買書？
□＿＿＿＿＿縣/市＿＿＿＿＿書店/量販超商　□網路書店
13. 您希望我們未來出版何種主題的書？＿＿＿＿＿＿＿＿＿＿
14. 您認為本書還須改進的地方？提供我們的建議？
＿＿＿＿＿＿＿＿＿＿＿＿＿＿＿＿＿＿＿＿
＿＿＿＿＿＿＿＿＿＿＿＿＿＿＿＿＿＿＿＿
＿＿＿＿＿＿＿＿＿＿＿＿＿＿＿＿＿＿＿＿
＿＿＿＿＿＿＿＿＿＿＿＿＿＿＿＿＿＿＿＿

日月文化集團
HELIOPOLIS
CULTURE GROUP
客服專線 02-2708-5509
客服傳真 02-2708-6157
客服信箱 service@heliopolis.com.tw

廣告回函
台灣北區郵政管理局登記證
北台字第 000370 號
免貼郵票

日月文化集團 讀者服務部 收

10658 台北市信義路三段151號8樓

對折黏貼後，即可直接郵寄

日月文化網址：**www.heliopolis.com.tw**

最新消息、活動，請參考 FB 粉絲團

大量訂購，另有折扣優惠，請洽客服中心（詳見本頁上方所示連絡方式）。

大好書屋　寶鼎出版　山岳文化

EZ TALK　EZ Japan　EZ Korea